Bruxelles – Paris
http ://www.editionsjourdan.com

Les Éditions Jourdan sont sur Facebook. Venez dialoguer avec nos auteurs, visionner leurs vidéos et partager vos impressions de lecture.

ISBN : 978-2-87466-229-4 – EAN : 9782874662294

Dépôt légal : D/2012/9685/35

VINCENT PEIFFER

2011

QUE DU BEAU MONDE !

LE CHRONIQUEUR BELGE QUI OSE TOUT !

A VOT' BON CŒUR...

Entendons-nous bien : je ne voudrais pas minimiser la maestria avec laquelle Danneels et Léonard maîtrisent leur rôle dans « Mon curé chez les députés », le nouveau film réalisé par la Commission parlementaire sur les abus sexuels. Dans le personnage de Godfried le Mollusque qui n'a rien-vu-rien-entendu-rien-fait pendant 30 ans, l'ex-primat de Belgique est magnifique. Et Léo Je-Me-La-Pète est prodigieux dans celui d'un Berlusconi en soutane. Mais à côté de ces méga-stars, on ne souligne pas assez les performances des seconds rôles de l'Eglise. Par exemple celle de l'évêque de Gand, Luc Van Looy. Ces derniers mois, confiait-il aux députés, il a reçu six nouvelles plaintes contre des curés pédophiles. Qu'est-ce qu'il en a fait ? Rien. Face à la stupeur des parlementaires, la réplique de Lucky Luc touche au chef d'œuvre neuneu : « Vous me demandez de les transmettre à la Justice ? C'est une bonne suggestion... » Splendide. Mais son collègue liégeois, Aloys Jousten, a lui aussi parfaitement intégré le rôle de celui qui ne pige toujours pas les contours de la non-assistance à personne en danger. Question d'un député : « Et vous, si vous êtes informé d'abus sexuels commis par un religieux de votre diocèse de Liège, vous transmettez le dossier à la Justice ? » Jousten : « Oui, s'il y a « risque de récidive »... » Donc un prêtre qui a déjà violé l'un ou l'autre gamin, c'est pas grave. Il le fera plus, promis. Parce que Joujou a une technique super-balèze pour détecter les risques de récidive. Juste avant de (re)passer à l'acte, les curés tripoteurs sont obligés de le prévenir : « Allo Aloys ? Oui, dis, c'est le curé de Quinquempoix ici. Après le catéchisme, j'ai attiré un gamin dans mon presbytère et j'ai le kiki tout dur dans le pantalon. Tu penses qu'il y a risque de récidive de ma part ? – Faut voir.

Mais je préviens la Justice, pour être sûr. Allez, à plus ! Et encore merci de m'avoir prévenu, hein dis… » Efficace. Dans ce bouquet d'éloges, je m'en voudrais d'oublier la prestation de Josef De Kesel, le nouvel évêque de Bruges, dans son rôle de Jojo le Fataliste. « L'Eglise écarte les prêtres mariés mais maintient certains abuseurs sexuels en fonction ? », lui demande-t-on. Réponse : « Je le constate… » Sobriété. Simplicité.

Le contraire de Sa quasi-Sainteté Léonard. Si je puis me permettre, je trouve qu'il a un tantinet surjoué son sketch de la grande michepapoute entre pédophilie, intempéries, fécondation in vitro, épidémies et familles recomposées. Pour Léo Je-Me-La-Pète, les inondés de Tubize et les abusés sexuels, c'est quif-quif : des victimes. Et à ce propos, grande nouvelle : finalement, l'Eglise va indemniser les victimes de ses prêtres. Enfin, pas toute seule. Parce que, vous comprenez, les curés ne sont pas les seuls violeurs. Ça existe aussi dans les milieux sportif, éducatif ou médical. Et donc, pour Léo, « l'Eglise catholique pourrait, librement, participer avec tous les autres milieux de la société à la constitution d'un fonds de solidarité » pour les victimes d'abus sexuels. Si le Royal Football Club Jandrenouille, l'Amicale des Joyeux Oncologues de l'UCL et l'Ecole communale de Macapette-sur-Sambre participent à cette grande chaîne de solidarité, l'Eglise s'y joindra donc très volontiers. Et pourquoi pas un Téléthon ou un Cap 48 qui aideraient l'Eglise à indemniser les enfants violés par ses curés ? On l'appellerait Cap 69.

Alors, heureux ?

Avec Wouter Beke, nous avons donc une sorte de Bart De Wever n°2 en version macrobiotique. Comme chez Bart, on sent le cerveau du nouveau président du CD&V fort bien charpenté. Beaucoup mieux que le mien, par exemple. N'empêche que mon bête petit cerveau a fini par comprendre la cause du gros popo belgo-belge : Bruxelles. Le statut de Bruxelles, le financement de Bruxelles, les alentours de Bruxelles (BHV), le rayonnement économique de Bruxelles… Et figure-toi, Wouter, que mon biesse cerveau aurait bien une solution pour en sortir : que Bruxelles et ses alentours n'appartiennent pas aux partis politiques, mais aux citoyens. Je sais, c'est con. Note que, dans la catégorie des gros cons, on commence à être nombreux. Par exemple, des cons d'universitaires, d'économistes, de sociologues ou de démographes, flamands comme francophones, sont tous d'accord sur un même truc très con : Bruxelles, ce n'est pas un million d'habitants étriqués dans un corset de 19 communes avec une ceinture linguistique autour. Ce sont une soixantaine de communes, de Grimbergen à Waterloo ou de Lennik à Rixensart, avec 3 millions de cons qui vivent, travaillent, se cultivent ou s'amusent grâce à Bruxelles-Brussel. Et tu sais quoi, Wouter ? Plus les cons de citoyens, les entreprises et les administrations de ce « Grand Bruxelles-Brussel » auront de liens entre eux, plus cette région sera puissante et en fera profiter l'ensemble de la Belgique. Quand on a un joli cerveau comme le tien, Wouter, on en déduit quoi ? Que ce Grand Bruxelles-Brussel est à tous les cons de citoyens, francophones comme néerlandophones. Et donc, on fait une large Région bruxelloise BILINGUE, où chacun des cons est content d'être francophone ou néerlandophone, et où personne n'emmerde personne. Fini, le popo belge ! Les agences de notation vont faire joujou ailleurs et nous, on s'occupe de choses importantes : les Diables rouges, le moral de Justine Henin, les mensurations de Miss Belgique… Et aussi de broutilles comme le chômage, les pensions, la pauvreté, la mobilité, la sécurité, l'environnement… Tu te souviens ?

Mais non : pour les partis flamands, il faut scinder ! Faire un mur. Le HV de BHV doit être 100 % pur porc flamand. C'est vital. Et ça, Wouter, mon petit con de cerveau ne le comprend toujours pas. C'est pour ça que je voudrais te poser une très bête question que tu voudras bien transmettre à tes amis élus flamands, avec l'espoir que vous me répondiez. Voilà : « Qui, sur cette Terre, est emmerdé par le fait que 130.000 personnes (francophones) autour de Bruxelles puissent voter et aller en justice dans leur langue maternelle ? » Je veux dire : à part quelques nazillons du TAK, est-ce qu'il y a un seul peï normalement constitué, à Sint-Pieters-Leeuw ou à Vilvoorde, qui se réveille la nuit en sueur et qui s'adresse à sa meï : « J'ai fait un horrible cauchemar, Poussin ! Le franstalige qui a été home-jacké, eh ben il a pu aller en justice contre ses agresseurs dans un tribunal francophone ! C'est insupportable. Adieu Poussin, je me suicide… » Je peux aussi te poser la question de manière plus positive : existe-t-il un seul type de Drogenbos qui va se taper une légère érection ou une seule choupette de Zaventem qui va câliner son gaillard parce qu'on aura retiré des droits démocratiques à des francophones ? Tu comprends ma question, Wouter : est-ce que ça va les rendre heureux ?

La Révolution de Pissenlit

Vous le humez, ce parfum de soulèvement citoyen ? Vous le sentez, ce petit vent tunisien qui souffle sur nos terres ? Le peuple belge se révolte ! C'est notre Révolution de Jasmin à nous ! Mais comme le jasmin pousse peu en Belgique, je propose la « Révolution de Pissenlit ». Je sais, ça schlingue un peu le pipi, le pissenlit. Mais c'est joli, c'est bien de chez nous et c'est jaune : la seule couleur qui se retrouve à la fois sur les drapeaux wallon, flamand et bruxellois. Or donc, après sept mois de « oui, mais » et de « non, mais », de « progrès de nain de jardin » et de « il faut rétablir la confiance », le Belge reprend le pouvoir ! Grosses gueulantes sur You Tube, pétitions sur le Net, manif le 23 janvier : ça colère grave ! Et puis, il y a l'appel de Benoît Poelvoorde : tant qu'on n'a pas de gouvernement, on ne se rase plus ! Ce qui s'accorde d'ailleurs fort bien avec mon pissenlit, qui fait des poils quand il se fane. Mais j'ai deux remarques. Un : Poelvoorde est un vil plagiaire ! Qui est l'inventeur de la protestation par pilosité, le véritable penseur de la révolte par la touffe ? Non, l'ami Ben, ce n'est pas toi. C'est mon Philou d'amour. Dès le mois d'août dernier, pourquoi crois-tu que Philippe Ier, bientôt roi des Belges se laissait pousser le pelage ? Pour se donner une profondeur dont il dispose (hum) naturellement ? Parce qu'il aime garder un morceau de camembert coincé dans la barbe, pour son 4 heures ? Parce que Mathilde kiffe José Daras ? Pas du tout ! En précurseur qu'il a toujours été, notre prince adulé lançait déjà un appel subliminal à la toison frondeuse. Et ça, c'est la marque des (futurs) grands monarques. Ceux qui dégagent un charisme puissant : Philou ne dit rien, il fait, et les Belges suivent.

Enfin ça, c'est à voir. Parce que – deuxième remarque – je trouve l'idée du poil au menton assez discriminatoire. Toi, Benoît, tu es châtain blondin. Donc ton poil est parsemé. Moi, je suis marron tendance ébène poivre et sel. Donc le poil est fourni. Et vu qu'on n'est pas près d'en voir l'ombre de son ombre, à ce gouvernement, c'est vite vu : dans deux mois, j'ai la tronche d'un babouin et je chante du ZZ Top. Alors que toi, au pire, t'as un look pré-pubère. Et puis zut-crotte, c'est toujours les mecs qui s'y collent ! Elles font quoi, les filles ? Elles arrêtent de s'épiler ? Elles font la grève du rasage des aisselles ? Ah ça, ils vont être très conscientisés, De Wever et les caniches du CD&V ! En plein hiver, ils vont les voir comment, nos nanas à poils ? A travers les pantalons et les pulls à cols roulés ? Elles pourraient au moins se teindre en jaune pissenlit. Ou se raser le caillou ! Mathilde en crâne d'œuf et Miss Belgique avec une tête de peau de fesse, ça oui, ça aurait de l'impact ! Si elles se rasent la boule, je veux bien faire mon Père Fouras. Et j'ai déjà les slogans pour la manif de dimanche prochain : les garçons gueulent « Une Belgique au poil ! » et les filles crient « The chauve must go on ! » Cela dit, Ben, ce n'est pas gagné. As-tu vu ce micro-trottoir au JT, la semaine dernière dans une rue de Leuven ? Une mevrouw était très fâchée : « Geen regering ? Dat is een scandaaal ! » Et si jamais on retourne aux élections, vous votez quoi ? « N-VA, natuurlijk ! » Tu sais quoi, Benoît ? On n'est pas près de retâter du Gillette Fusion à 18 lames.

En avoir. Ou pas...

Selon la police: 34.000. Selon les organisateurs: 40.000. Allez, on fait pichepotte: disons 37.000 personnes. Ce qui fait 9.000 de plus qu'à Anderlecht-Standard. Et 343.000 de moins qu'au Salon de l'Auto. C'est très bien: les cinq jeunes cyber-organisateurs de la Manif de la Honte ont réussi. Bravo, les garçons. Mais comme on dit chez moi: et kwè? Ou comme on dit à Bruxelles, qu'est-ce qu'on fait en bas de ça? C'était quoi, encore, ce que vous réclamiez? Ah oui: un gouvernement. Mais un gouvernement qui fait quoi et comment et avec qui? « Un gouvernement où il y a de la solidarité », disait Félix De Clerck, organisateur et fils de son papa ministre CD&V de la Justice, Stefaan De Clerck. « On veut des politiques qui décident. Un moment, il faut avoir les couilles de sauter! » Oui, Félix. Mais sauter sur quoi? Moi aussi, je kiffe la solidarité. Mais tu vois, la solidarité, ce n'est pas un mot sympa ou un hochet qu'on sort pour une manif du dimanche. C'est du concret, la solidarité. Par exemple, c'est refuser qu'un enfant flamand vaille plus d'argent (en allocations familiales) qu'un enfant francophone. C'est refuser que l'accès à la sécurité sociale varie d'un poil de quéquette de mouche selon qu'on vive au Nord, au Centre ou au Sud. C'est refuser qu'il y ait une concurrence fiscale entre les Régions. C'est refuser qu'une région, Bruxelles, soit pillée et que son juste financement soit soumis à un chantage (flamand). C'est admettre que des plus riches aident des plus pauvres, où qu'ils soient. C'est admettre qu'une minorité de 80.000 néerlandophones soient surreprésentés au Parlement et au gouvernement bruxellois, mais ne pas admettre que 130.000 francophones de la périphérie, eux, n'aient plus droit à rien. C'est refuser que 80 ou 90 % de citoyens francophones des communes à facilités soient emmerdés par des ministres flamands de l'Intérieur, chaque fois qu'ils veulent obtenir un document administratif dans leur langue. Bref, c'est mettre l'intérêt de TOUS les citoyens au-dessus de tout. C'est ça, Félix, la solidarité qui soude un pays : le bien commun.

Or il y avait un gros souci, dimanche à votre manif. On ne le dit pas trop pour ne pas casser l'ambiance, mais c'était comme d'hab : elle n'était composée que de 20 % de gens du Nord. Si je reprends ma pichepotte de 37 000, ça faisait donc 7 400 Flamands… Contre 785 000 voix de préférence à Bart De Wever. Et deux millions et demi de Flamands qui, le 13 juin, ont voté séparatisme ou confédéralisme ou égoïsme financier ultralibéral. Tous ces gens, tu vois Félix, j'ai comme l'impression qu'ils veulent tout, sauf de la solidarité. Mais ce n'est pas certain ! Alors j'ai une idée : tu organises une autre grande manif, mais en Flandre uniquement. Juste pour voir combien de Flamands réclameront de la solidarité. Tu fais ça à Anvers, par exemple, là où la N-VA et le Vlaams Belang tapent dans les 50 %. Ça, tu vois Félix, ce serait vraiment avoir des c… Ou pas. Et alors, au passage, est-ce que tu veux bien donner une grosse fessée à papa ? Je dis ça parce que dimanche, pendant que tu manifestais, ton paternel disait ceci à la télé : « Le CD&V continuera de suivre la N-VA. » Et lundi, son parti y allait d'un joli communiqué sur sa vision de la manif : « C'est la preuve qu'il faut un accord communautaire, donc scinder BHV. » C'est juste très con.

Cas Binet et laboratoire politique

Désolé : j'avais oublié de vous en parler. Donc, je me rattrape : non, le concours Miss Belgique n'est plus un marché aux bestiaux d'un autre âge ou une compétition de pétasses diplômées ! Au contraire ! C'est une pépinière de jeunes talents précurseurs. Par exemple, lors de l'épreuve « parlée », Miss Liège n'a pas hésité à réinventer la page 20 du Bescherelle. Dans une conjugaison subtilement novatrice du passé simple des verbes du 2e groupe en -ir, la blonde Lara Binet nous expliqua (ou nous expliquit ?) son admiration pour la princesse Grace de Monaco qui, malheureusement, « finissa dans un ravin ». Outre ce cas Binet, on constate également que « Miss Belgique » est devenu un véritable laboratoire d'anticipation politique. Souvenez-vous : il y a un an, Miss 2010, la Brugeoise Cilou Annys, posa (ou posit ?) avec Bart De Wever à la une d'un magazine flamand en piétinant le drapeau belge. Quel flair politique ! Mieux encore : cette année, la soirée des Miss 2011 se transforma (ou se transformut ?) en une première mutinerie francophone face à l'hégémonie nordiste. Les candidates sudistes dézinguèrent (ou dézinguirent ?) la cheftaine des Miss, Darline Devos, qui n'est qu'une grosse tricheuse de Flamoutche. En gros, si vous voulez, la Wallonne Chloé Saive était de loin la plus mieux des turbo-biches. Mais la méchante Darline truqua (ou truquit ?) le concours pour faire gagner une moche Flamande. Et quatre candidates francophones boycottèrent (ou boycottirent ?) le podium final ! Une fois de plus, les Miss anticipèrent (ou anticipirent ?) la Belgique de demain : celle d'un schisme inéluctable. A moins, évidemment, qu'Elio Di Rupo ne propose un Miss Belgique 2012 d'union nationale, sans les Miss N-VA mais avec les Miss VLD et les Miss MR-FDF. Le tout étant de savoir si les Miss CD&V se déscotcheront des Miss N-VA…

A ce propos, j'aimerais que quelqu'un aide le CD&V à s'y retrouver. Depuis quelques mois, l'ex-CVP fait tout bien comme la N-VA. Sauf pour un truc : au CD&V, pour encore un peu exister, on dit qu'on n'est pas séparatiste. Problème : ce week-end dans une interview à La Libre, Bart De Wever a dit que la N-VA n'était plus séparatiste non plus, tout à coup. Que Flamands et Francophones sont « frères siamois » et que couper le pays serait « dangereux ». Du coup, au CD&V, on est mal : zut-crotte, c'est nous qu'on avait dit qu'on n'était pas séparatistes ! Et donc, à Mise au Point, Stefaan De Clerck insistait : si-si, la N-VA est séparatiste et pas nous ! Pour tenter de clarifier le bazar, Laurette Onkelinx lui pose donc deux questions assez essentielles, question séparatisme ou pas : 1. Le CD&V, oui ou non, veut-il conserver une Sécurité sociale commune ? 2. Est-ce que, oui ou merde, le CD&V veut faire de Bruxelles une région à part entière ? Déjà mult-titré olympique de langue de bois, Stefaan a décroché sans difficulté le titre champion intergalactique de la michepapoute que je t'embrouille. Je vous fais grosso modo sa réponse : « Broubel scrutel@-</brache***kreut. Kjh ?!µmoiht rvpijqmw. C<jmjkf$pajhv mlklkdqg. D'ailleurs, rjbgjbùqoa$lk %qoinbpnù… C'est clair ! » Pour la version intégrale, vous allez sur www.RTBF.be slache Mise au Point. Parce que je lance un grand concours : celui qui réussit à me traduire la réponse de Stefaan avec des phrases en sujet-verbe-complément, je lui offre un Win For Life d'Orval tous les jours à l'apéro.

Merci Danny, merci Danny, merciii !

Vous allez voir que mon pote Didjé va nous arranger ça. En plus, notre nouveau machin-choseur royal a un allié de poids: Danny Pieters! Danny, c'est un des Frères Taloche qui avait fait truc-brolleur royal avec André Flahaut, en septembre. Et Danny, il est sénateur N-VA. Il est même Président du Sénat! «La Chambre des Sages», comme on dit. Même que Philippe, Astrid et Laurent sont sénateurs (je sais, ça fait toujours rire). Or donc, dimanche dans un débat à la télé, Danny le Sage de la N-VA a dit un truc qui va sûrement aider Didjé à déboucher les binoches belgo-belges: «Il faudrait quand même avoir un peu de respect pour la démocratie, dans ce pays!» Ça, Danny, c'est bien vrai! Evidemment, toi, quand tu dis «pays», tu penses «Flandre». Et donc, tu ne piges pas pourquoi on ne respecte pas la volonté démocratique de 80% de tes compatriotes qui veulent tout séparer: sécu, chômage, allocations, justice, tout. Avec un Etat fédéral qui fait guirlande, sauf pour les pensions. Vu qu'elles coûteront très cher à la Flandre dans quelques années, les pensions doivent rester fédérales. Logique.

Mais j'ai une question, cher Danny. Comme tu es docteur en droit, est-ce que tu sais que quand on joue à démocratie, on est obligé de jouer avec tout le monde? Les Flamands, bien sûr, mais pas que. En Belgique (excuse-moi pour ce gros mot), il y a aussi quelques millions de sauvages qu'on nomme «francophones» et qui peuvent jouer avec à démocratie. Même qu'à la Chambre, ils ont 62 élus sur 150, dis donc! Et tu sais quoi, Danny ? Aucun de ces 62 élus francos de mes deux ne veut scinder la Sécurité sociale, par exemple ! Même que parmi les 88 députés néerlandophones, 18 salopards d'empaffés de traîtres SP.A et Groen sont contre, eux aussi ! Vu que ton catalogue de diplômes est six fois plus épais que ma liste de courses à Colruyt, je présume que tu sais un peu compter. Donc on récapitule : 88 moins 18, tu as donc 70 députés (flamands) sur 150 qui veulent scinder la Sécu. Ce qui fait 46,66 %. Voilà : si tu veux « avoir un peu de respect pour la démocratie », ça signifie que tu l'as dans le pet. Pour éviter toute perte de temps inutile à mon Didjé, tu seras gentil de bien vouloir le répéter à tes poteaux de la N-VA, à ta succursale du CD&V, à la bleusaille du VLD et aux fachos du Belang. Et alors, tant que t'y es à vouloir jouer démocratie, il y a un truc qui serait pas mal : demander leur avis à des êtres bizarres qu'on appelle « citoyens ». Je te jure sur mes Louloutes qu'en faisant ça, tu règles définitivement BHV. Je t'explique : tout autour de Bruxelles, il y a une série de communes bilingues, c'est-à-dire où les gens parlent soit le français, soit le néerlandais, soit parfois les deux. Ce sont des communes dites « à facilités » ou, juste un peu plus loin, des communes dites « de la périphérie ». Et donc, dans chaque commune, on pourrait jouer démocratie en posant une question simple à ces citoyens : voulez-vous faire partie de la Flandre ou alors de la Région bruxelloise bilingue ? C'est vrai que, là aussi, dans une bonne quinzaine de communes autour de Bruxelles, tu risques de l'avoir dans le fion. Mais l'important, comme tu dis, c'est d'« avoir un peu de respect pour la démocratie. » Et que, grâce à toi, on progresse vachement ! Merci Danny, merci Danny, mer-ciii ! Allo, Danny ? Je ne t'entends plus. Tu veux plus jouer à démocratie ?

Vas-y Roger, fais-moi ton affaire...

Vous en croisez beaucoup, vous, des barbus ? Moi non plus. L'opération « Belgique au poil » de Benoît Poelvoorde a fait pschittt. Heureusement, de nouvelles initiatives très pertinentes sont lancées pour sauver le pays. Par exemple, Marleen Temmerman, sénatrice SP.A, invite les femmes à « garder les jambes fermées tant que la Belgique n'a pas de gouvernement ». Elle aurait pu dire « Pas de gouvernement, pas de sexe », mais ce n'était pas assez délicat. « Garder les jambes fermées », c'est plus classe. Juste un détail, Marleen : résumer l'acte sexuel à un écartement de cuisses, tu ne trouves pas ça un peu dommage ? Un peu bestial. Un peu femelle et pas très femme. Un peu Jeanine qui enlève son tablier : « Vas-y Roger, c'est samedi, fais-moi ton affaire ! Mais vite, hein ! Quand t'auras fait, j'ai encore une lessive à pendre. » Je ne sais pas comment ça se passe avec ton gaillard, Marleen, mais parfois, l'amour, c'est plus partagé. Moins triste, tu comprends ? Et alors j'ai une question : quand tu proposes aux dames de cadenasser leurs gambettes, est-ce que ça signifie que la paralysie de la Belgique, c'est uniquement la faute aux mecs ? Parce que, pour rappel, les femmes belges ont le droit de voter depuis 1948. Donc la moitié des électeurs belges sont des électrices. Elles peuvent même être élues ! D'ailleurs, pas loin de la moitié des députés N-VA sont des députées : 13 sur 27. Encore un détail, Marleen : je sais pas si tu sais, mais ton parti participe aux (non-)négociations. Et il est même dirigé par une femme ! Ça me fait penser que ta grève de la zézette boudeuse, c'est salaud pour monsieur Caroline Genest et monsieur Joëlle Milquet. Comme leurs chéries sont (non)négociatrices, ils ne les voient déjà quasiment pas depuis huit mois. Et là, en plus, à cause de toi, quand elles passeront (rarement) à la maison, ce sera migraine. Dur. En revanche, Elio Di Rupo ne devrait pas être trop contrarié. C'est cool pour lui.

Quoi qu'il en soit, tout est bon pour sauver notre Belgi-Ô-Ô-Belgi-i-que chérie. Il faut y croire, Marleen ! Peut-être que bientôt, on va voir déferler des hordes de militants N-VA suintant la testostérone et suppliant Bart De Wever de ne plus réclamer la scission de BHV. Sûr que, grâce à toi, ces chauds lapins du CD&V vont exiger le maintien d'une Sécurité sociale fédérale. Et que les mâles en rut du Vlaams Belang vont exiger l'élargissement de la Région bruxelloise. Et même si, par hasard, ton truc ne fonctionnait pas, ça nous aura au moins permis de faire ta connaissance. Avoue que, jusqu'ici, tu étais aussi remarquablement connue pour ton activité parlementaire que ma Tante Simone pour sa contribution à la recherche sur la fusion nucléaire. Et là, pouf!, t'es une star. Pour montrer comment ils travaillent bien, d'autres parlementaires trop méconnus pourraient faire preuve de créativité, eux aussi. J'y pense : mais c'est la chance de Laurent Louis, ça ! L'unique député (exclu) du PP vient de fonder son parti à lui tout seul : le Mouvement Libéral Démocrate. Pour faire connaître son MLD, je ne sais pas, il pourrait lancer une large action « un gouvernement ou je rote à table ». Ou une vaste opération « je pète dans les transports en commun ». Tant qu'on y est, dans la délicatesse…

PARDON, M'SIEUR VAN DER KELEN !

On est mercredi : ça nous fait 255 jours sans gouvernement, record irakien archi-battu. Mais relax. Comme je dis toujours : les chiffres, c'est fait pour être relativisé. Par exemple, à Gand, les étudiants étaient 10.000 pour la « Révolution de la Frite ». Avec, message 1 : on-a-gagné, on-a-gagné ! Message 2 : chouette, les regards du monde sont tournés vers la Belgique ! Message 3 : guindaille ! Dans d'autres villes, les students avaient un message politique : beurk au nationalisme. Ils étaient dans les 5.000 en tout… contre 1.135.617 électeurs flamands qui ont voté N-VA. Donc on relativise. D'ailleurs c'est quoi, 255 jours, comparés à d'autres drames ? Aujourd'hui, ça fait 9 jours que le prince Laurent est privé de permis de conduire (pour excès de vitesse). Comment il a fait, mon Lolo, pour faire son job de « rehausseur de sa présence » au souper bolo de l'Amicale des Toutous à Mémère ? Neuf jours, dans ce cas-ci, c'est déjà interminable. Et c'est quoi, 255 jours, à côté de l'Italie ? J'ai compté : ça leur fait 3006 jours avec Berlusconi comme chef du gouvernement. 3006 jours que Silvio se bidouille des immunités pénales et des prescriptions pour ses affaires de corruption, de faux bilan, de subornation de témoin, de fraude fiscale et d'abus de confiance (entre autres). 3006 jours que les Italiens voient Berlu se faire lifter les peaux, s'implanter des touffes sur le caillou et butiner des péripatéticiennes. Et c'est quoi, 255 jours, à côté de ce que vivent les Français ? Depuis mai 2007, ça leur fait 1407 jours que Michèle Alliot-Marie, touriste tunisienne, est ministre de Sarkozy. De quoi on se plaint ?

Cela fait aussi 10 jours que la presse flamande donne des leçons aux médias francophones. A ce qu'il paraît, on n'a pas bien couvert les funérailles de Marie-Rose Morel. On aurait dû être plus cajoleurs avec l'ex-député Vlaams Belang décédée d'un cancer à 38 ans. Surtout la RTBF, qui a rappelé, par exemple, que Marie-Rose « était une xénophobe pure et dure ». Il fallait l'oublier ! D'après Luc Van der Kelen, l'éditorialiste de Het Laatste Nieuws, c'est même « un scandale absolu » et c'est « écœurant ». Moi, en plus, j'ai raconté sur le plateau de Revu et corrigé que « le décès d'une personne qui propage la haine depuis dix ans me laisse absolument froid ». Pardon, M'sieur Van der Kelen ! Je le ferai plus. Et je sais ce qu'on aurait dû faire, nous les médias francophones. Depuis une vingtaine d'années, on aurait dû inviter nos racistes à des interviews, à des débats ou même à des émissions de divertissement, pour les rendre sympas. Comme en Flandre. Et si une Miss Wallonie était devenue député d'extrême droite (Morel était Miss Flandre), on aurait dû en faire une WC (Wallonne connue). Comme vous avez transformé Marie-Rose en BV (Bekende Vlaamingen). Comme vous, on aurait fait des photos un peu sexy. Ça vend bien. Après, si elle avait chopé un cancer, on lui aurait consacré un feuilleton hebdomadaire avec plein de photos touchantes (comme vous l'avez fait dans Het Laatste Nieuws et à la VRT), pour montrer comment elle est admirable face à la maladie, la jolie xénophobe. Ça vend encore plus, ça. Et à sa mort, on aurait donc logiquement pleuré très fort notre chère disparue raciste. Dites, M'sieur Van der Kelen, si jamais vous confiez une chronique d'éthique sportive à Lance Armstrong, vous me prévenez ?

LES FILS DE DICTATEURS, ÇA OSE TOUT...

Je vous la fais comme dans les émissions littéraires... Le grand Michel Audiard disait : « Les dictateurs, ça ose tout. C'est même à ça qu'on les reconnaît. » Le regretté dialoguiste du cinéma français avait raison. Mais en partie seulement. D'abord, un : il ne faut pas être dictateur pour tout oser. Au hasard ? Berlusconi. Ensuite, on ne les reconnaît pas toujours, les tyrans. Enfin, pas clairement. En Birmanie, par exemple, la pétroleuse multinationale Total n'a toujours pas remarqué qu'elle faisait affaires avec des tortionnaires. Peut-être par manque de lisibilité : ils sont plusieurs (ça s'appelle une junte) et on ne connaît même pas leurs noms. D'autres dictateurs connus osent tout, mais sans paillettes. En Corée du Nord, par exemple, excepté l'amour du joli défilé militaire, ça se la joue modeste. Kim Il-Sung, puis son fils Kim Jong-Il et maintenant son petit-fils Kim Jong-un, ça vous a des têtes de gentils experts comptables juste un peu tristes. Mais ça ne voyage jamais. Ça pille, ça emprisonne et ça massacre, mais en famille. Casanier. Sans fioritures. Façon classe moyenne. Tandis que Kadhafi, ça c'était du dictateur panache ! (J'utilise l'imparfait parce qu'à l'heure où vous lisez, si tout va bien, l'ami partouzeur de Berlusconi devrait avoir fui en Antarctique ou sur Saturne.) Sans verser dans le délit de faciès et l'habit qui fait le moine, avouez qu'il avait tout, Mouammar : la vraie méchante gueule du dictateur, la morgue hautaine de celui qui vous pisse à la raie, le regard de vieux mac, le verbe brutal, les idées de ouf, un attentat par-ci, un caprice de diva par-là... Et il osait tout : les uniformes bling-bling avec tout plein de dorures partout, les tentes dans la cour de l'Elysée, l'indispensable compagnie d'« infirmières » turbo-biches, etc. Tout, il faisait tout pour nous dire : « Si, si, les démocrates, je suis le champion olympique de la crapulerie planétaire. » Et pourtant, comme pour Ben Ali ou Moubarak, on n'était pas sûr-sûr. Allez savoir, on hésitait : dictateur, pas dictateur ? P'têt que oui, p'têt que non. Alors au nom du principe de précaution, on faisait comme si pas. Et on lui vendait des armes de la FN pour décorer. Mais pas pour tuer, ça non !

Bon là, maintenant, vu le bain de sang, on est à peu près sûr-sûr. Et vu ses discours à la télé, ça paraît clair : Kadhafi était un dictateur total loufdingue. Fantastique, son explication du pourquoi de la révolution libyenne : « Vos enfants ont reçu des pilules hallucinogènes d'éléments étrangers. » Superbe aussi, son côté papa grondeur : « Nous n'avons pas encore fait usage de la force, mais si la situation le requiert, nous y recourrons ! » Un autre indice, c'est que la plupart des dictateurs ont des fils qui font tout bien comme papa. Et dans le genre, Saïf Al-Islam Kadhafi est un surdoué. Lui, il ose mais alors vraiment tout. Y compris la conférence de presse en plein chaos, samedi à Tripoli, où il rétablit la vérité vraie : « Aujourd'hui en Libye, il n'y a ni victimes ni attaques. Tout est pacifique. Et donc, tout le monde est heureux. Bientôt vous allez découvrir que tout ce que vous avez entendu sur la Libye n'est qu'une vaste blague. Ici, en Libye, nous rions de ces reportages à propos des centaines et des milliers de victimes. » Nous aussi, Saïf, on rit beaucoup. Un peu jaune, peut-être…

Pour les droits acquis du travailleur

Maintenant que le grand Didjé a fait un pas de géant vers la résolution du schmilblik institutionnel, le petit Wouter va sûrement nous choser une solution. On est rassurés. Et on peut parler de choses intimes. Par exemple : pourquoi suis-je à ce point attaché au prince Laurent Benoît Baudouin Marie de Belgique ? Oui, Monseigneur Lolo, je te kiffe ! Peut-être à cause de ton air de poète un peu fourte. Ou de cette allure classieuse. Peut-être aussi parce que tu es né en 1963. Comme moi, dis donc ! Attends, je vérifie : toi, c'est le 19 octobre. Moi, c'est le 1er avril. Oh, ça va ! Tu peux rigoler, n'empêche que tu me dois le respect. Et à propos de respect, je trouve que la Sabena, c'était quand même mieux. Pas pour nous : à la grosse louche, ça devait être la compagnie la plus chère du monde. Je parle pour vous : du temps béni de la Sabena, la famille royale volait à l'œil. Et en 1ère classe ! Tu te souviens, Lo ? On libérait même les fauteuils derrière ton siège, pour que tu puisses incliner ton dossier à fond. Oui, parce que vu la lourde chape de responsabilités qui pèse sur ses épaules, ça doit pouvoir se reposer mieux que nous autres, un prince. Bref, ces gens de la Sabena avaient du respect. Tandis que Brussels Airlines, pardon ! Des cuistres, oui ! Maintenant, quand tu vas en congés payés avec Clairette et les gamins, ou quand tu dois aller au mariage de la vicomtesse Marie-Chantal de la Clôture du Fond du Jardin, c'est dingue : tu dois payer tes billets ! Et ça, camarade, c'est clairement une régression inacceptable des droits acquis du travailleur princier ! T'as toujours eu tout gratuit : ton faux boulot simili-écologique à l'IRGT, puis ta dotation à 320.000 patates par an, ta villa

Clémentine à Tervuren, ton argent détourné de la Marine et tes billets d'avion. Et là, sous prétexte que la Sabena a fait faillite et que Brussels Airlines est une boîte privée, tu dois tailler dans ton budget déjà fort étriqué pour pouvoir voyager. Comme un bête Belge qui n'est même pas prince !

Donc, ton sang de pourfendeur d'injustices bouillonne. Tu te rebelles. Fort peu solidaires de ton action, des empaffés d'employés de Brussels Airlines sont allés raccusepoter à la presse en disant que tu achètes des places éco mais que tu exiges à chaque fois des sièges en classe affaires. Et que tu refuses de payer tes consommations. Même qu'une fois, ces manants du petit personnel de bord ont refusé de t'upgrader en business ! Et donc toi, normal, t'as fait un scandale en dénonçant leur « manque de professionnalisme ». Evidemment, toi tu prétends que toutes ces accusations sont même pas vraies. T'as raison, Lo. Des gros menteurs ! Tu sais quoi, Lo ? Je parie qu'il y a des employés de Brussels Airlines qui se lèvent le matin en se disant : tiens, si j'emmerdais un Saxe-Cobourg ! Aujourd'hui, je vais téléphoner à des journaux pour dire que Mathilde, elle a fait un doigt comme Laurette à une hôtesse de l'air. Ou alors que Tante Fabi a mis du poil à gratter dans le costume du pilote. Moi je dis qu'on vous cherche, Lo. Même qu'il y a peut-être un complot entre Brussels Airlines et les flics, qui t'ont aussi retiré ton permis pour excès de vitesse. Si ça se trouve, certains veulent nous faire croire que tu te comportes comme un sale péteux d'enfant gâté de ta mère. Alors que c'est pas possible, puisque t'as 47 ans ! Je le sais bien : moi aussi. En plus, toi, t'es prince.

Les gars de la Marine...

Pauvre petit Nicolas ! Tu me fais de la peine. 22 % de confiance pour un Président de la République, ça fait truffe. Et Marine Le Pen qui te nique dans les sondages, ça sent l'andouillette pour 2012. En plus, à chaque fois que tu réquisitionnes ta télé perso (TF1) pour parler aux Français, poum !, 3 % de moins dans les lattes. L'idéal, ce serait que tu te taises, en somme. Que tu ne fasses rien. Tu pourrais passer une année sur le yacht d'un ami industriel. Ou emprunter la maison de Johnny en Suisse. C'est joli, la Suisse. Mais comme t'es président, t'es obligé de faire des trucs. Surtout si tu veux récupérer les électeurs du Front National de la grande fifille à papa. A ce propos, tout n'est pas négatif. Parfois, ton imitation du FN est même assez réussie. Par exemple, après le coup des Roms, ce débat annoncé sur l'islam en France, en faisant une jolie michepapoutte avec l'islamisme radical sauce burqa-charia, c'est tout bon ça, Nico ! Ça fait peur ! Ils adorent, les électeurs à Fifille. Surtout quand tu agrémentes ça d'une tournée des hauts lieux de l' « héritage chrétien de la France ». Maquisards chrétiens contre envahisseurs à babouches, excellent ! Très bien aussi, l'idée de ta députée UMP, Chantal Brunel, à propos des réfugiés des pays arabes en révolte : « Après tout, remettons-les dans les bateaux ! » Là, les électeurs FN entament une petite érection. Sur ton flan international, tout n'est pas négatif non plus. Par exemple, ton idée d'aller bombarder ton ex-grand ami Kadhafi tout seul comme un gros dur sans attendre les autres Européens ou l'OTAN, c'est pas mal. Le vrai bon Français du FN, il adore ça, la Frrrance qui remet de l'ordre. Mais il faut te dépêcher, Nico : les Angliches ont eu la même idée. Passer pour le carabinier de Rodenbach, ce n'est jamais bon.

Question copain-copain avec le FN, j'avais pensé à un truc de ouf pour améliorer ta situation. Du vicieux. Pourquoi tu ne nous referais pas un 274ème remaniement ministériel de ton gouvernement, en proposant à Marine Le Pen un portefeuille genre ministère des Méchants Arabes ? Ensuite, vu que tu portes la poisse… Ah si, Nico, t'es une vraie guigne ! Regarde Dati, Woerth, Hortefeux, Alliot-Marie et tous les autres : tu les nommes ministres et ils font des bêtises. Donc si tu prends Fifille dans l'équipe, tu fais belotte, re-belotte et dix de der : Marine déconne, elle devient une grosse naze, tu la vires dans un 275ème remaniement et, entre-temps, t'as récupéré son fan club. Ce qui serait bien aussi, ce serait de veiller à soigner la forme. Depuis quelque temps, je trouve que ta présidence manque de people, Nico. Ça avait pourtant super-bien débuté avec Cécilia, Carla, Rachida et tout ça. Je trouve que Carla est assez carotteuse, ces temps-ci. Je sais pas, elle pourrait pas se faire copine avec une fille de Ben Ali ? Ou faire la bringue avec John Galliano ? Et ton fiston, Jean, il pourrait un peu fricoter avec Adriana Karembeu, non ? Ce qui serait bien, aussi, ce serait de relancer une chanson d'antan, à laquelle s'identifieraient les électeurs UMP et FN, tous ensemble. Par exemple : « C'est nous, les gars de la Marine ». Ça rassemble, la chanson.

Kadhafi et Kadhafifi

Qui va gagner la Palme d'Or du Festival libyen de la Frapadinguerie ? Entre Mouammar et son fiston Saïf Al-islam, ça se vaut, je trouve. Pour l'ensemble de son œuvre de secoué du cabochon, je donnerais quand même un léger avantage à Kadhafi sur Kadhafifi. Et aussi pour ses dernières déclarations de vendredi : « Je vais transformer en enfer la vie de ceux qui attaquent la Libye ! Si le monde devient fou, nous le serons aussi. La mer Méditerranée sera ravagée ! » Bon après, Mouammar a un peu eu les coucougnettes à zéro de se prendre un Tomahawk dans le postérieur. D'où sa proposition de cessez-le-feu, que Kadhafiston qualifiait d'« humanitaire ». Mais comme personne n'a cru Kadhafi et Kadhafifi, voilà donc que la Belgique est en guerre. On ne dirait pas, comme ça : Wouter Beke « liste » les positions des différents partis (c'était pas fait, déjà?), Mathilde prend des cours de « leadership » à Harvard (au cas où Philippe en manquerait ?) et Elio fait de la piscine à Mons, dans un joli maillot rouge. La routine. Et pourtant, nom di dju, la Belgique est en guerre ! Enfin, ce n'est pas précisément la Belgique qui est en guerre : c'est la Région Wallonne, la Région bruxelloise, la Région/Communauté flamande, la Communauté Wallonie-Bruxelles et la Communauté germanophone. Oui-oui, Messieurs Kadhafi et Kadhafifi, vous êtes en guerre non pas bêtement contre un « pays » (en affaires courantes) mais contre rien moins que cinq entités fédérées de plein exercice ! Ça vous fout les chocottes, hein ? D'ailleurs, si vous n'êtes pas gentils, on a encore la Cocof ! Brrrr…

Quand je dis que la Belgique (qu'on disait pour simplifier) est en guerre contre Kadhafi et Kadhafifi, on verra. Pour ça, il faudra que nos avions volent. Ce qui n'est pas sûr-sûr. Parce que c'est peu dire que nos coucous militaires sont un peu capricieux. En gros, nos C130 décollent une fois sur deux. Et vendredi, un A330 de la Force aérienne belge (qu'on disait pour simplifier) devait filer au Japon pour rapatrier d'urgence une soixantaine de Belges (qu'on disait...). Chemin faisant, voilà que l'A330 militaire (acheté d'occasion) tombe en panne et doit se poser en Alaska. Il y est toujours. C'est bizarre : normalement, vu que tous les grands chefs de l'armée sont flamands (parce que le Flamand fait tout mieux que les autres), nos avions devraient fonctionner tip-top-gun. Enfin bref, chers alliés de la coalition, sachez-le : chemin faisant pour aller troncher Kadhafi et Kadhafifi, peut-être que nos F16 devront faire une petite pause technique à Malte ou à Djerba. L'histoire de quelques jours. En revanche, nos cuisiniers militaires sont très au point, si jamais : ils font super-bien les pistolets au jambon d'Ardenne et les tartines au sirop de Liège. Et alors, si jamais un jour le monde a besoin d'électriciens nucléaires, nous on en a des top ! Chez nous, les responsables des centrales nucléaires assurent que « tous les risques ont été pris en compte ». Alors qu'au Japon, c'est connu : ce sont des clettes de la technologie...

Attaque de boules puantes

Quelqu'un pourrait-il m'éclairer ? Je ne sais pas vous, mais moi je n'ai pas encore tout bien compris la logique profonde des résolutions de l'ONU, question d'aider le peuple libyen à ne plus se faire massacrer par son « chef et guide de la Révolution de la Grande Jamahiriya arabe libyenne populaire et socialiste ». Si je lis bien la résolution 1973, nos valeureux pilotes des F16 (et un peu ceux des autres aussi quand même) ont le droit de bombarder les chars ou les casernes de Kadhafi et de ses Kadhafistons. Mais c'est tout. Pas question de poser l'ombre d'un doigt de pied sur le sol libyen ! Donc, voilà : on pruneaude par-ci, on canarde par-là, et après, la population libyenne révoltée doit se démerder comme une grande. Mais, objecte-je : les révoltés sont mal ou peu ou pas du tout armés. Ils font comment, face aux Robocops surarmés des troupes de Kadhafi ? Ah mais, l'ONU a tout prévu ! Vous ne saviez pas ? On la connaît peu, mais il existe une résolution 1974 qui demande aux troupes de méchants Libyens pro-Kadhafi de se rassembler par groupes de 500, d'enfiler des toques de Gilles de Binche avec des plumes rose fluo, afin que nos top-guns puissent les repérer et les canarder à s'n'aise. Et s'ils pouvaient se rassembler dans le désert, loin des villes, ce serait sympa : comme ça, on ne fait pas de dégâts collatéraux sur les gentils Libyens. Si, contre toute attente, les troupes kadhafistes se révèlent de mauvaise volonté en refusant cette requête légitime de l'ONU, il y a l'autre solution : vu qu'on ne peut pas non plus fournir des armes à feu et des munitions aux gentils rebelles, on peut leur larguer des cure-dents pour attaquer les forces spéciales de Kadhafi.

La résolution 1973 n'interdit pas nommément le recours aux cure-dents. On peut aussi leur parachuter des stocks de boules puantes. Et on attend de voir. On ne sait jamais, peut-être que Kadhafi ne supporte pas ça, les odeurs : « Non, pitié ! Pas les boules puantes ! Je me rends ! Je capitule ! Et je rembourse les 100 milliards d'euros piqués à mon peuple et qui sont planqués dans vos banques ! Promis ! »

Je n'ai pas bien compris non plus la résolution 1970, qui prévoit de traduire Kadhafi devant le Cour pénale internationale. Mais attention, on ne peut pas aller le chercher à Tripoli... On fait comment, pour le procès ? On lui demande poliment de venir à La Haye par un vol Ryanair Tripoli-Charleroi, puis Peter De Crem l'escorte jusqu'au CPI à La Haye ? Ou alors on se la joue moderne et on fait ça par webcam? « Monsieur Kadhafi, vous me voyez sur votre écran ? Oui, dites, ici c'est le juge du CPI. Vous êtes accusé de crime contre l'humanité contre votre propre peuple. » – « Ben écoutez, M'sieur le juge, c'est embêtant pour vous, ça. Parce que moi, j'en ai rien à péter. Et sinon, il fait comment, à La Haye ? A Tripoli, c'est grand soleil. Vous devriez venir. Bon, c'est pas tout ça, mais faut que je vous laisse. J'ai encore un hôpital à bombarder du côté de Benghazi et quelques opposants à massacrer à Tobrouk. Allez, à la revoyure ! »

J'FAIS C'QUE J'VEUX !

Ça sonne bien, « Baron Armand De Decker ». Mais quand il sera anobli, ce serait encore mieux de transformer ce vilain gros « de » en un petit « de » bien plus séant. Et aussi de rallonger son patronyme : Armand-Philibert de Decker de la Gare d'Uccle Calvoet, ce serait bien. Je pense à ça parce que l'ancien président MR du Sénat le sera un jour, baron. Il le mérite. Ce sera l'aboutissement d'une vie dédiée à la vénération royale. Pour Armand, si ça porte le label Saxe-Cobourg, c'est que c'est beau, c'est grand, c'est admirable. Toujours ! Philippe est brillant, Astrid est bosseuse, Claire est rigolote, Paola est sympa et Mathilde sera un jour béatifiée. Même Laurent fait tout bien. Par exemple, là, Lolo la Terreur nous a refait son gros malin en allant se balader au Congo contre l'avis du gouvernement. Alors que Sa Majesté Papa lui avait pourtant expliqué : « Non, fiston, tu peux pas. Parce que tu vois, le Congo était une colonie belge, avant. Plus maintenant. Et disons que, depuis lors, ils n'ont pas toujours facile question démocratie. Or il va y avoir des élections, là-bas. C'est un peu compliqué à piger, mais si tu vas boire un godet chez Kabila et vu que t'es quand même un peu prince de Belgique, ça fait comme si on voulait encore se mêler du bazar, nous les Belges. Donc Monsieur Leterme et les autres grandes personnes du gouvernement ne veulent pas que tu y ailles. Si tu dois absolument aller planter un arbre pour sauver la Terre avec ta fondation bidon, va le faire au Groenland, si tu veux. Mais pas au Congo. OK ? »

Face à l'interdit, on sait comment sont les adolescents : « M'en fous, j'fais c'que j'veux ! » Lolo la Terreur a donc tripé au Congo, sans oublier de faire un crochet par l'Angola, où il s'est d'ailleurs fait une chouette copine : la fille du président Dos Santos. Président angolais qui, par parenthèse, dirige sa « République » très démocratique façon Ben Ali-Kadhafi-Moubarak, puisqu'il y est « élu » depuis… 1979. Au prix d'un long et dur labeur de « gestion » des fonds issus du pétrole de son pays, ce brave homme a réussi à s'acheter une tripotée d'immeubles dans les capitales européennes et à ouvrir une kyrielle de comptes d'épargne dans les paradis fiscaux. Au retour de sa mission à lui tout seul, le petit prince s'est donc pris une fessée générale : « Ecoute bien, mi p'tit fi. Quand on a un job de prince avec une jolie dotation, on a un patron : l'Etat belge. Alors, soit tu fais comme le patron te dit, soit tu fais ton genre mais alors ton Win For Life à 306 000 patates par an, tu te le tailles en pointe. Vu ? » Devinez qui, seul contre tous, est venu à la rescousse de son Lolo chéri ? Qui a jugé les critiques « honteuses » ? Qui a estimé que « tous les gens intelligents devraient défendre cette mission de Laurent » parce qu'elle était « très utile » ? Gagné : le bientôt baron de Decker de la Gare d'Uccle Calvoet. Allez, Armand-Philibert, encore un petit effort et tu l'auras, ton blason. Par exemple, tu pourrais affirmer qu'un million et demi de dotation annuelle pour Tante Fabi, c'est un peu chiche…

Mon nouvel ami Ben

J'aime bien cette crise belge de 300 et des jours. Ça nous donne le temps de découvrir des amis flamands qui sont comiques. Comme le député fédéral Ben Weyts. Mon nouvel ami Ben de la N-VA a qualifié la Fédération Wallonie-Bruxelles de « très lourde provocation ». C'est drôle, non, venant de la N-VA ? Un parti dont l'ADN est l'indépendance de la Flandre et qui jure sur la tête de Tom Boonen que Brussel sera flamande jusqu'à la nuit des temps. Tu le tournes comme tu veux, mon ami Ben, mais ça veut donc dire qu'un jour, dans ta tête de N-Véiste, un million de Bruxellois seront transformés en Flamands. De force. Et ça, ce n'est pas une « lourde provocation », hein non ? Idem quand ton ami de la sous-N-VA (le CD&V), Kris Peeters, claironne que Bruxelles « ne sera jamais une Région à part entière » mais « un peu en dessous » des deux autres Régions. Ça non plus, ce n'est pas une « lourde provocation », hein non ? Mais où je t'ai trouvé vraiment farce, Ben, c'est quand tu nous as fait ton fâché parce que les partis francophones avaient rebaptisé la Communauté française « sans demander l'avis des partis néerlandophones ». Là, j'ai une question : quand t'étais petit et que tu faisais une torchette à un mec dans la cour de récré, tu t'attendais à quoi ? A ce qu'il te demande la permission de t'en foutre une sur le coin de la tronche ? Je te demande ça parce que tu dois comprendre un truc : ce n'est pas obligatoire, dans la vie, de demander la permission à la Flandre pour respirer ou penser. Tu te souviens, Ben, le vote de la scission de BHV à la Chambre ? Sauf erreur, vous n'avez pas trop demandé l'avis des partis francophones. Eh bien ici, c'est la même chose. Tu piges ?

Cela dit, je comprends que ça te chipote, cette « Fédération Wallonie-Bruxelles ». Pour te faire plaisir, on aurait peut-être dû rebaptiser la Communauté française « amicale des joyeux paresseux ». Mais disons que « Fédération Wallonie-Bruxelles », c'est pour être un peu plus clair avec vous. Tu trouves que ça ressemble trop fort à un futur pays ? Eh bien, tu as raison ! Parce que tu sais, Ben, à force de faire des torchettes aux autres en les prenant pour des gnioufs, c'est un peu comme faire des feux de camp dans une pompe à essence : un jour, ça pète. Et donc cette Fédé Wallonie-Bruxelles, c'est pour vous dire plusieurs choses. Un : vous n'aurez JAMAIS Bruxelles. Deux : si tu continues à faire ton malin, oui, on s'en ira. Les Wallons, les Bruxellois et même quelques communes de la périphérie. Parce que, tu vois, en démocratie, ce sont encore les gens qui décident. Trois : quand ce sera fait, peut-être qu'on se rebaptisera encore une fois, si ça nous chante. Une idée ? La « Belgique », par exemple. Donc voilà, mon ami Ben : la « Fédération Wallonie-Bruxelles », c'est pour que tu visualises bien le « Plan B ». Avec un B comme Belgique (résiduelle), mais aussi comme Bruxelles. Maintenant que tu as tout bien compris, si on commençait à la négocier, cette nouvelle Belgique, avec un B comme Bruxelles, un W comme Wallonie et un F comme Flandre ? Ou alors comme « Fous-moi le camp ! » A toi de voir.

Monseigneur était jouette

Moi, pédophile!? Tout de suite les gros mots! C'est bien les journalistes, ça: toujours à faire des pataquès de rien du tout. Et alors ces députés qui font des «commissions d'enquête sur les abus sexuels dans l'Eglise», pardon, mais ils n'ont rien d'autre à glander? Et la Justice? Toujours à chercher le mal partout, celle-là! Enfin, heureusement qu'il y a un truc bien dans la Justice: la prescription. Ça évite de perdre du temps à des broutilles. Parce que Roger Vangheluwe ne voit pas où est le problème. Il n'a «pas du tout l'impression d'être un pédophile». Ses treize années de tripotages, c'était juste «comme une petite relation» avec son neveu, «de l'intimité qui s'installait». Et rassurons-nous, «ça n'a pas été bien loin». D'ailleurs, faire touche-quéquette au gamin ou se faire astiquer le tich par le môme, «cela n'avait rien à voir avec la sexualité». La preuve, c'est qu' «il n'a jamais été question de viol». En plus, Monseigneur savait se tenir: «Il ne m'a jamais vu nu.» Et aussi se retenir: «Il n'y a pas eu de pénétration et d'orgasme.» Avec le second neveu tripoté non plus. Même qu'avec celui-là, les attouchements n'ont duré qu'un an. Rien, quoi. Finalement, pour l'ex-évêque, tout ça, «ce n'étaient que des petits jeux». Voilà tout: Monseigneur était juste un peu jouette. Or vous savez ce que c'est, la dure vie de prêtre: on n'a pas le sou pour s'acheter des chouettes jeux. Roger aurait pu faire des puzzles ou construire une chapelle en Lego. Mais puzzle et Lego, à force, ça devient gonflant. Alors le pauvre curé devait jouer avec ce qu'il avait sous la main quand la famille venait en visite: ses neveux. Que voulez-vous, c'était il y a 25 ans, un temps où la Play Station n'existait pas. C'est con : s'il avait eu une Play Station pour un peu s'amuser, peut-être que Tonton Roger n'aurait pas été obligé de jouer à abus sexuel avec ses neveux.

Et puis on oublie un truc. A l'époque, il ne savait pas que c'était mal, le tripote-kiki avec des petits garçons : « Je n'étais pas conscient que cela avait un tel impact sur mon neveu. Je croyais qu'il s'agissait de choses superficielles. » C'est bête : Dieu aurait dû le prévenir que c'était ultra-traumatisant pour le gosse. Quelle tête en l'air, ce Dieu ! Enfin soit. Après, quand il a super bien réussi dans l'Eglise, Tonton Roger a versé de l'argent au gamin. Plusieurs millions de francs, quand même. Mais attention, n'allez pas imaginer des choses : « Il ne s'agissait pas d'obtenir son silence. » Non-non, qui a dit ça ? On disait que c'était juste une grosse dringuelle d'un généreux « mon oncle ». Ou alors le salaire d'un job d'étudiant un peu spécial mais vachement bien payé. Va savoir. Enfin, le plus important, dans cette malheureuse histoire, c'est que Monseigneur Vangheluwe ait trouvé les ressources nécessaires à la réalisation de son destin de bienfaiteur : « Comme les faits ont cessé il y a 25 ans, j'ai pu vivre avec cela et très bien travailler. » Tout est bien qui finit bien. Sur ce, il faut que je vous laisse. Je dois aller vomir.

William et Kate annulent !

Normalement, j'étais invité au mariage, vendredi. C'est parce qu'avec William et Kate, on est potes. Ça date de quand Kate venait faire baby-sitter des Louloutes et apprendre le français. Et donc, à force, on est devenus camarades. D'ailleurs, dimanche, Kate et William étaient à la maison. Après avoir taqué quelques Orval, on a évidemment causé mariage. « Philippe et Mathilde sont invités ? », m'enquis-je auprès de William ? « Ben, obligé ! Tu sais comment ça va, chez nous autres les monarcheux : t'es obligé de te farcir l'internationale à couronne en queue de pie et en chapi-chapeau de carnaval. Et tu sais qui Mamie Zabeth a absolument voulu inviter comme people ? Les Beckham ! C'est d'un goût… » Toi, mon petit Will, me dis-je en mon moi-même, tu me fais du boudin. Y'a un stûût, Katie ? « Ben disons que darling et moi, on se demande si tout ça n'est pas un peu too much. Ce truc va coûter plus de 100 millions d'euros ! Regarde mes parents : ils ont mis 110 000 euros dans la cagnotte des noces. Mais vu que la réception à Buckingham va taper dans les 12 millions, ça payera même pas les zakouskis ! Rien que les décorations florales à la cathédrale de Westminster, c'est 500 000 euros ! Ma robe ? Bing, 34 000 ! L'hôtel pour la nuit de noces, pouf, 23 000 ! En plus, ça fait huit ans qu'on fait crac-crac. Donc la lune de miel, on connaît un peu… T'imagines ? Rien que pour la sécurité sur le parcours, les contribuables vont douiller 50 millions ! »

Oui mais, que j'objecte, Sa Joyeuse Majesté, ta grand-maman a craché 60 millions de son compte d'épargne perso, pas vrai Willie ? « Et tu crois qu'elle vient d'où, la fortune royale ? Du ciel ? T'imagines même pas les montagnes de tunes qu'on palpe grâce à des privilèges moyenâgeux, nous, les Windsor. La dotation de Tante Fabi, à côté, c'est du ticket repas. Donc tu vois, Katie et moi on trouve tout ça un peu indécent. Surtout que la crise est bien pire chez nous que chez vous pour les gens. On n'a pas une Sécu comme chez vous. Des paquets de Britanniques ne peuvent même pas se payer le docteur ! Et donc moi, après un mariage à 100 millions de patates, je vais aller leur serrer la louche en leur disant : courage, ça ira mieux demain… » Je tire une dernière cartouche : m'enfin, Will, votre mariage est aussi une joyeuse commémoration nationale qui va resserrer les liens entre les Britanniques ! « Ouais, un peu comme le mariage de Philou et Mathilde a vachement resserré les liens entre les Belges. T'as vu où vous en êtes ? Bon, Vince, tu veux bien nous rendre service ? Via le Moustique, tu annonces au monde qu'on annule. Pas le mariage, mais tout le tralala autour. En fait, on avait déjà décidé ça dans l'Eurostar pour venir ici : finalement, on se marie dans l'intimité, juste nous deux. Katie va acheter une petite robe à 19,99 € chez H&M, on commandera un thaï et une tarte au riz comme gâteau de mariage. T'es d'accord, oui ? Bon, c'est pas tout ça, mais faut qu'on file à Londres annoncer la bonne nouvelle à Mamie Zabeth. Elle va faire la gueule. Mais, comme tu dis toujours, hein chou, ça va pas la changer beaucoup. »

Zen, soyons zen...

Promis, après l'interview de Tonton Vangheluwe, Mgr Léonard allait réagir grave ! Après Pâques. Quoi, dix jours après sa diffusion ? Oui, parce que c'aurait été dommage de gâcher la joyeuse ambiance de la Semaine sainte avec des saletés. Et donc voilà, promesse tenue : Léo a parlé après la grand-messe de Pâques. Pour nous dire d'abord qu'il n'est pas du tout resté inactif. Loin de là! Par exemple, il a invité les prêtres à « faire pénitence pour leurs collègues déviants ». Wouw ! Et ce n'est pas tout : il a « prié pour les victimes », dis donc. Oui mais, et pour les propos de Roger Delaglue ? Ils étaient « choquants »! Son ton de « vacancier détendu » était « insupportable ». Ok Léo, mais ça, on l'avait ressenti nous-mêmes. Même qu'on a gerbé sur le tapis du salon en voyant le Mononcle causer tripotages un peu jouettes avec ses neveux. La question qu'on te demande, Léo, c'est surtout rapport à la sanction suite à son comportement. Y'a quoi d'prévu ? Là, Monseigneur Léonard est un peu étonné. Parce que, question des sanctions, c'est déjà fait : « Vous savez, la démission est une sanction très grave, pour un évêque ! » En plus, son ex-collègue a été dégagé en deux jours. Vous imaginez ? Le pauvre chou « n'a pas pu faire ses adieux » à ses ouailles. Violent. Donc c'est tout ? Roger la Tripote va se la couler pépère dans les châteaux de la Loire et c'est bon comme ça ? La suite, c'est quoi ? Là, Léo ne sait pas encore trop bien. Pour une bonne raison toute bête : « Je n'ai pas regardé l'ensemble de l'interview. J'avais d'autres occupations. »

C'est vrai que pour juger correctement, il faut être bien informé. Et que dix jours pour visionner une interview qui choque toute la Belgique, c'était un peu shorty. Surtout que Speedy Léo a eu deux fois piscine, qu'il a dû repiquer les poireaux dans son potager et qu'il a aussi organisé la grande chasse aux œufs des séminaristes. On ne peut pas tout faire. Mais Monseigneur regardera certainement l'entretien en entier. Un jour. Bientôt. Peut-être après l'Ascension. Ou après la Pentecôte. S'il a fini d'arracher les mauvaises herbes dans les bégonias et de prendre les poussières à Sainte-Gudule. Mais là, on sent déjà que la réaction sera féroce. Mononcle Roger sera-t-il réduit à l'état laïc ? Peut-être ben que oui. Ou que non. Faudra voir à voir avec le Saint-Siège. Pour l'instant, son porte-parole a signalé que le Vatican « réunit les éléments ». Comme depuis un an. Donc ça va, on a le temps. Restons zen. C'est pour ça, aussi, que Monseigneur Léo n'a toujours pas réagi au rapport de la Commission « abus sexuels » de la Chambre, un mois après sa sortie. Surtout que, hein, on s'attaque toujours aux prêtres qui font touche-kiki ! Alors que Léo insiste : les faits de pédophilie imputables aux hommes d'église « ne représentent qu'1 % du total des plaintes ». On s'acharne, quoi. D'ailleurs, la Belgique compte 3 660 prêtres pour 8 340 000 adultes non-prêtres. Ce qui nous fait donc, en moyenne, une plainte pour 84 240 laïcs majeurs et une plainte pour 36 curés. Un taux d'abus sexuels 2 340 fois plus important chez les hommes d'église. Cool, Léo. Pas de quoi s'affoler.

Elio Di Rupo à la N-VA

Puisque c'est très mode, je m'en vais moi aussi briser le colloque singulier que j'ai eu avec Ma Majesté, hier soir à l'apéro. Et vous annoncer que le Roi est très optimiste! D'abord parce que Standard & Poors ne dégradera pas la note de la Belgique. Ensuite parce que, pour la presse flamande, c'est un fusil FN « belge » qui a tué Oussama Ben Laden. Pas un fusil FN « wallon » tueur de Libyens. Non, non, mes estimés confrères nordistes étaient très fiers : cette fois, c'est avec un fusil FN « belge » que les GI'Jo ont pété sa tronche au fou furieux de sa mère. Dix jours plus tôt, Philippe Gilbert était un « vrai Belge » parce que – je cite – « il parle le néerlandais et il gagne »... Et donc, pour mon ami Al, tout ça sent la grande réconciliation nationale. Surtout qu'un autre truc lui donne la patate : ça s'annonce fort bien avec la N-VA, question du gouvernement qu'on aura peut-être un jour. A l'automne. Ou en 2012. Quand il sera prêt, ce gouvernement qu'on aura un jour peut-être, ça va très bien se passer avec la N-VA parce que les nationalistes flamands ne sont pas des imbéciles, m'explique Ma Majesté : « Tu vois, Vinch, c'est mathématique : comme les imbéciles ne changent jamais d'avis et que les N-VA changent tout le temps d'avis, ça entraîne forcément que les N-VA ne sont pas des imbéciles. » Forcément.

Oui mais Al, objectai-je, tu ne les trouves pas un peu soupe au lait quand même ? Ils étaient séparatistes, et puis plus tout à fait. Ils voulaient scinder la sécu, et puis maintenant plus vraiment. Pas question de causer socio-économique avant d'avoir bidouillé une « vaste réforme institutionnelle » et explosé BHV.

Or, maintenant ils veulent discuter de tout (et de rien ?). Ils étaient pro-Européens mais ils sont devenus eurosceptiques ! Et alors Bart doit en être à son 276ème ultimatum non respecté… « Ouais, même que si un jour je le renomme truc-choseur royal, il risque de se faire un ultimatum à lui-même, ha-ha ! Non mais, c'est vrai : on pourrait croire que la N-VA raconte tout et son contraire selon que Bart a le cul qui gratte ou qu'il est d'humeur joviale parce qu'il a eu sa gaufre de 4 heures. Mais on se trompe ! Ce côté schizo, si tu veux, il faut le voir comme de la tolérance politique. Et je te défends de rire ! Parce que, allez Vinch, c'était quoi sa dernière déclaration, au Gros ? » Que rien n'avance avec cette lopette de Wouter Beke et que maintenant on va voir ce qu'on va voir vu que la N-VA va « reprendre la main », en gros. « Et comment il reprend la main, Bibendum ? Il dit que le nouveau brolleur royal doit être… Elio Di Rupo ! Il va bouffer son joli maillot boxer rouge de quand il a piscine, mais Elio est un peu devenu N-VA, en quelque sorte. C'est à lui qu'ils demandent de reprendre « leur » main. T'imagines le signe d'ouverture ? Un socialo francophone qui bosse pour la N-VA, c'est Tante Fabi chez les Francs-Mac ! Donc tu vois, Vinch, tout ça sent très bon ! Une autre Orval ? » Volontiers. Dis Al, comment il s'appelle, encore, le gars de la méthode ? « Coué. Monsieur Coué. Pourquoi ? » Pour rien.

Qu'est qu'on a bien ri !

Sous ses airs de type qui plomberait une ambiance de Gay Pride, Wouter Beke est assez farce, finalement. En tout cas, moi, j'ai adoré son sketch du busé qui fait celui qui veut la grande dis'. Hein oui, M'sieur Albert, que j'ai super bien bossé pour mon interro de Choseur royal ? – C'est ça, élève Bêêkes, vous me copierez cent fois : ce n'est pas parce qu'on pond un rapport de 800 pages qu'on n'est pas un gros bullard ! Même Tante Fabi, dont la finesse politique consiste à trouver que Joëlle Milquet a bien fait d'épouser le prince William, même elle a compris que le blocage politique était total ! La marque des grands rigolos, c'est d'utiliser toute la palette des ressorts comiques. Pour ce faire, Gagman Wouter a d'abord utilisé la fanfaronnade : « Nous avons élaboré un cadre qui donne aux négociations une nouvelle chance ! » Très drôle, quand on sait qu'après 11 mois de palabres, on ne sait toujours pas qui va négocier. Virevoltant, Wouter est ensuite passé à l'humour noir : « Nous avons maintenant une base solide qui permettra d'aboutir ». On n'a pas l'ombre d'un poil de quéquette d'acarien de rapprochement nord-sud et Bêêkes parle d'aboutir ! Grinçant. Cruel. Superbe. Petite parenthèse critique, toutefois : on pourrait soupçonner Wouter de plagiat. Juste avant lui, Didjé « The Brain » Reynders avait déjà conclu sa mission de Machineur royal par son désormais célèbre : « Il y a une volonté de négocier. » Le mec le plus ultra de la politique avait accompli un travail forcément admirable, et y'avait plus qu'à. Déjà. Bêêkes serait-il donc un vil plagiaire ? Pas du tout ! En imitant le Grand Schtroumpf, il nous montre une autre facette de son immense talent comique : l'humour de répétition. Le « running gag » à l'américaine.

Mais où le petit Wouter a proprement surclassé le Grand Bleu, c'est dans la chute de son sketch : « Pour conclure, je veux indiquer que nous avons dix semaines avant le début des vacances parlementaires d'été. » Wouter sait lire un calendrier ! Perso, c'est ce qui me fait le plus rire : le non-sens à l'anglaise. Il aurait pu terminer par une sentence bêtement absurde : « Pour conclure, je veux indiquer que ma bagnole a besoin d'un car-wash. » Non, il choisit le non-sens qui fait mal : le temps passe, rien ne se passe, et on est bientôt en congés payés... admirable ! Pour que tout soit parfait, il manquait encore la touche de provocation à la française. Là, Wouter Bêêkes a pu compter sur une prestigieuse guest-star du CD&V. Je vous demande d'applaudir le grand, l'unique Stefaaaaaan De Clerck ! Dans une interview pleine de bonhommie dont il a le secret, le ministre de la Justice a rejoint les fascistes du Vlaams Belang, désireux d'amnistier les collaborateurs flamands de la Seconde guerre mondiale : « A un certain moment, il faut être adulte. Et être prêt à oublier. » Etre adulte, c'est donc oublier que certains ont aidé les nazis à en exterminer d'autres : décidément trop drôle. Donc voilà, ronron petit patapon, la Belgique est toujours dans le méga-popo. Mais grâce à Wouter et à Stefaan, qu'est-ce qu'on a bien ri !

Vas-y, P'tit Louis !

Mais oui, que la Belgique va s'en sortir ! Vous savez pourquoi ? D'abord parce que nos élus sont bosseurs. Alors qu'il est déjà en surcharge de travail, le Sénat va faire des heures sup' pour encore améliorer la vie des Belges. Enfin, surtout l'aile flamande du Sénat. Mais c'est normal : le nordiste est plus travailleur. Et donc tous nos amis sénateurs flamands (sauf deux sénatrices Groen, carotteuses va !) ont accepté de discuter d'une proposition de loi du Vlaams Belang, désireux d'amnistier les « prétendus » collabos condamnés lors de la « répression » d'après-guerre, et de dédommager leurs familles. Evidemment, ceux qui ont (prétendument) aidé les Nazis à envoyer 65.000 Belges dans des camps (et à y massacrer 41.000 d'entre eux) étaient à 90 % flamands. Normal : le Nordiste était déjà plus travailleur, à l'époque. Donc vous voyez, certains élus bossent dur pour améliorer la vie des gens. Toujours au Vlaams Belang, décidément soucieux de participer à la tonicité du débat démocratique, le chef Filip De Winter a commenté le choix d'Elio comme formateur : « Hallucinant ! Le PS incarne tout ce que les Flamands vomissent : la mafia de Wallonie, avec Di Rupo comme capo. Son accession au poste de Premier ministre nierait le résultat des élections et violerait la démocratie. » Donc bref, ça bouillonne d'idées chez nos amis élus du nord.

Mais ne croyez pas que le mandataire septentrional est le seul à participer à la vivacité démocratique, ainsi qu'au rayonnement de la Belgique. Au Sud, fidèle à (la haute idée qu'il a de) lui-même, Didier « Je me voyais déjà » Reynders s'est autoproclamé candidat à la succession de DSK au FMI. Tout le monde s'en contre-chtouille, mais c'est très bien d'en vouloir, Didjé. Un autre qui en veut et qui force l'admiration par son énorme créativité, c'est Laurent Louis. Pour les distraits, je rappelle que P'tit Louis est cet unique élu-miracle du Parti populaire, viré d'un PP qui n'existe déjà (presque) plus, ce qui fait que P'tit Louis a créé son parti à lui tout seul : le « Mouvement Libéral Démocrate ». Et le député MLD a vraiment une chouette technique pour trouver des solutions à nos problèmes : il raconte tout ce qui passe par sa petite tête, on ne sait jamais qu'il en sortirait un trait de génie. Evidemment, il y a un peu de déchets. P'tit Lou avait déjà proposé l'expulsion des Roms et le permis à points pour immigrés. Aujourd'hui, il a décidé de favoriser le bonheur des enfants. Bon, lui, il n'en a pas, d'enfants. Mais il sait fort bien comment on doit les élever. Pas comme certains ! Donc il propose d'instaurer un « permis de faire des enfants », après un stage de formation. Ne riez pas : parfois, au milieu d'un déluge de conneries sidérales peut surgir le truc auquel personne n'avait pensé. Donc vas-y, P'tit Louis ! On compte sur toi pour la Belgique ! La semaine prochaine, tu proposes de jouer Bruxelles à pichepotte entre Francophones et Flamands. Et ainsi de suite chaque semaine. A force, tu vas trouver l'idée qui sauvera la Belgique par le haut. J'ai confiance.

Ce doux parfum d'épuration

Je trouve que tu mollis, mon Silvio. C'est vrai que la semaine dernière, tu m'as fait un petit effort : « Ceux qui votent pour la gauche n'ont pas de cerveau ». C'est bien, Silvio. Mais si tu veux vraiment gagner le Concours Eurovision du populisme imbécile, tout ça est trop mou ! La suite de ton interview à la télé était heureusement moins lopette. Surtout quand tu as prévenu le peuple italien que la gauche allait faire de Milan « une ville islamique, une Tziganopolis assiégée par les étrangers ». Ça c'est du brutal ! Mais tu pars trop dans tous les sens : j'ai une bite en or, les gauchistes sont couillons, les étrangers des voleurs, les juges des communistes… Non, Silvio ! Pour bien faire, tu devrais un peu flamandiser ton approche. Attention, pas comme nos nazillons du Belang, qui offrent des canifs anti-étrangers ou qui griment Olivier Maingain en Adolf Hitler. Non, ça, c'est juste con. Ton populisme crétin doit être plus sournois. Par exemple, chez nous, on a des pros du genre : les N-VA. Des gens tout simples qui mangent des frites, qui sont respectables et qui disent qu'ils sont très démocrates. D'ailleurs, dans leurs rangs, ils ont plein de types du VOKA, l'association du patronat flamand. C'est dire s'ils sont démocrates. Et puis surtout, ils ont une stratégie. D'abord, primordial, ils ont désigné un seul ennemi, facilement identifiable : le français, qui contamine la pureté de la Flandre. Après, ils ne font pas que des déclarations jouettes, comme toi. Ils dénoncent, oui, mais ils proposent des solutions. Par exemple, la N-VA vient encore de dénoncer la « francisation rampante » de communes flamandes autour de Bruxelles. C'était déjà mortel dans BHV. Mais maintenant, ça contamine aussi dans des patelins flamoutches quand tu vas vers Louvain, où ça parle de plus en plus le français. Eèèrk-beurk ! La N-VA exige que le gouvernement flamand mette fin « à toutes les formes de laxisme linguistique ». Et donc ils ont des solutions : par exemple, ils veulent interdire aux commerçants de ces communes de parler autre chose que le néerlandais avec la population. Là, tu vois Silvio, c'est du travail de fond. Du qui sent bon l'épuration. Du qui balkanise.

Evidemment, les N-VA aiment bien aussi la bonne grosse déclaration couillue. Il en faut : ça galvanise. Et pour ça, ils viennent de faire une excellente recrue : l'avocat Vic Van Aelst. Une star du barreau flamand. Un avocat à l'ancienne, tu vois, qui fait des phrases et qui y met des trémolos. A peine arrivé à la N-VA, Vic proposait déjà la suppression des cours de français en Flandre. Pas mal. Mais la semaine passée, il a fait mieux devant des militants de la N-V*A :* « Depuis 180 ans, les francophones nous traitent de gens médiocres ! Durant 180 ans, les Flamands se sont laissé abuser ! Les francophones sont solidaires sur un point : plumer la Flandre, qu'ils considèrent toujours comme une colonie ! Que ces Wallons aujourd'hui fauchés périssent par où ils ont péché : le porte-monnaie ! » Tu vois, Silvio, tout y est : la souffrance de l'opprimé, la révolte, et la vengeance ! Du bel ouvrage.

Vive Charlene !

Plus que 24 fois dormir et Charlene Wittstock deviendra Madame Albert de Monaco. Le grand garçon du Caillou, 53 ans, épousera sa fifille de 33 ans qui faisait de la natation. Et moi, ce momentum géopolitique me met en foufette ! Je sais ce que vous vous dites : il a quoi, le Peiff ? Il a bu un Orval faisandé ? Il a avalé une tagliatelle de bactéries ecoli ? Non, il est content de pouvoir bientôt souffler. Parce que les autres vont se taire. Qui ça, les autres ? Eh bien les autres ! Tous ceux qui font des phrases dans les médias. Vous n'aviez pas remarqué, avec William et Kate et Pippa, comment ils se taisaient, tous ces autres ? C'est que ça prend toute la place, un mariage princier. Une place inversement proportionnelle à ce qu'on en a à foutre, certes. Mais l'important, c'est que les experts en royeusetés vont bientôt occuper le terrain sans le moindre partage : le pedigree de Charlene, la robe de Charlene, la coiffure de Charlene, le grain de beauté de Charlene, les poils de nez de Charlene, le côté princesse Grace de Charlene (ou pas)… Des tas de trucs dont on se cale complet mais qui prendront toute la place dans les journaux. Et donc moi, ça va me faire des congés bien mérités, avec les autres.

La semaine dernière, ils s'y sont mis à cinq pour m'imposer une cadence infernale. Nous avions évidemment la « deweverie » hebdomadaire : « La Belgique a toujours existé par la grâce des Flamands bilingues ». Classique. Mais nous avions aussi le bon Louis Tobback, ex-ministre (socialiste !) devenu bourgmestre de Leuven, qui ne comprend pas pourquoi ces « indignés » manifestent à Madrid, à Athènes ou à Bruxelles : « Bientôt, ils manifesteront contre la pluie ! » 45 % de chômage chez les jeunes Espagnols, 60 % en Grèce, pas de logements, une crise bancaire qui a plombé leur avenir… Franchement, de quoi se plaignent-ils, ces gros gâtés ? A Paris, l'ex-ministre de l'Education Luc Ferry nous a fait une raccusepote bien crasse : « Eh ben moi, je connais un ministre qui est pédophile, na-na-na ! Même qu'y s'est fait poisser au Maroc dans une partouze avec des petits garçons, euh ! Mais je vous dirai pas qui c'est, prout-caca ! » Et à part ça, Luc, tu as d'autres révélations ? « Ouais ! A ce qui paraît qu'un concombre espagnol s'est fait poisser dans une partouze avec des germes de soja allemands, na-na-na ! » A La Haye, Ratko Mladic a parlé, lui aussi. Seize ans après avoir massacré 8.000 Bosniaques à Srebrenica, le brave général serbe a réclamé un peu d'humanité de la part du TPI : « Je suis gravement malade et j'ai été exposé à un stress important. » Et sinon, Ratko ? Un petit massage ? Une verveine ? Un chips paprika ? En visite en Croatie, Sa Sainte Monsieur Seize s'est inquiété de « la crise de l'Occident et à la régression de l'Europe », proposant sa solution : le recours aux « Saintes écritures », qui doivent redevenir « le grand code de la culture européenne ». Teuteuteu, Benoît, tu me soignes d'abord cette vilaine pédophilie dans l'Eglise et, après, peut-être que tu pourras t'en mêler. Vous voyez, ça fatigue, à force ? Bon, sur ce, vive la princesse Charlene !

Super Dédé, un héros…

Je suis Belge. J'ai donc dans mes gènes des brouettes de dérision et de surréalisme. Ce qui fait que lundi, j'aurais dû fêter ça : allez, les Louloutes, on fait péter le Kiddy Bulles et les Chipitos ! Ha-ha-ha, 13 juin 2010/13 juin 2011, un an depuis les élections, et toujours rien à l'horizon ! Qu'est-ce qu'on est farce, en Belgique ! Sauf que. Sans rire, tout ça devient sérieusement casse-pipe. Et on a tous bien compris : avec Bart et ses caractériels, on n'y arrivera pas. D'où une question à Elio et Wouter et Joëlle et Alexander et Charles et Jean-Michel et Caroline : dites, on ne passerait pas à autre chose ? Je veux dire : sans la NV-A et les autres artistes de la crétinerie nationaliste. Parce que je rappelle un truc : ensemble, N-VA, Vlaams Belang et Dedecker font 40 députés sur 150. C'est énorme, quand on pense que chaque électeur devrait être équipé d'un cerveau. Mais vu que j'ai fait un peu de maths il y a longtemps, je peux vous garantir un truc : ça ne fait que 26,6 % des élus. Résultante : il reste 73,4 % de députés à la Chambre pour tenter quelque chose ! (dont Laurent Louis, mais soit.) Mon bon sens à demi-paysan du côté de ma mère ne fait donc qu'un tour : et si on y allait sans les N-VA/VB/DD ? Alors oui, je sais : vous préférez que la N-VA s'exclue elle-même. Comme ça, elle passera en Flandre pour un parti gonflette qui a fait pschitt. Mais là, les petits amis, je crains qu'on soit parti jusqu'en 2023. Donc je ne vois qu'une solution : lancer un appel solennel à l'homme le plus puissant du pays.

Et qui est ce vigoureux garçon ? Yves Leterme ? Et puis quoi ! Le roi ? Merde, on avait dit qu'on parlait sérieusement ! Allez, langue au chat? Le seul et unique qui peut nous sauver est… Tatatam… André Flahaut! Parce que Super Dédé est président de la Chambre. Et comme vous connaissez notre Constitution par coeur, vous n'ignorez pas, qu'à ce titre, il est le seul à pouvoir convoquer nos élus et à leur faire voter la constitution d'un gouvernement. Quoi, comme ça? Oui, comme ça. Donc, au point où on en est, moi je dis: chiche, Dédé? Tu convoques les 150 députés et là, on voit qui en a (ou pas). Mais surtout, surtout!, on ne discute plus. – *Mais, M'sieur le président, on garde la Sécu fédérale, alors?* Dédé: On te demande pas ça, gros naze! On te demande si tu viens dans la majorité! – *Et on fait quoi pour BHV?* Je dois le dire comment? On prend son buzzer et on vote, bordel! – *Alleen een vraag, Meneer Voorzitter: wat zullen we doen voor de amnistie van mijn vrienden de ex-collaborateurs?* Toi, le crétin des Polders, tu sors! D'façon, on s'en tape de ce que tu votes! – *Donc pas de cogestion de Bruxelles non plus, alors?* Celui-là, il va gagner le concours de couillon de la semaine! On vote une majorité, point! Je signale aux CD&V que c'est le bouton vert. Si on pousse sur le rouge, on prend sa carte de la N-VA. Vu? – *Oui mais, et moi, je pourrai quand même proposer mon permis pour avoir des enfants?* Toi, la clette, ta gueule! C'est dingue de se dire qu'André Flahaut va peut-être devenir le sauveur de tout un peuple. Un héros. Pour la postérité.

La Haine-VA

Ben alors ! On boude ? Pas une seule déclaration cracra sur ces trouduculs de francophones depuis au moins dix jours, c'est pas normal ça ! On ne serait même pas un peu des fripouilles ou des cancrelats ? En plus, la dernière fois, ça avait bien marché : Vic Van Aelst nous accusait de « plumer » la Flandre, Bart en rajoutait avec sa « Belgique qui a toujours existé par la grâce des Flamands bilingues », et hop !, 33 % dans le dernier sondage pour la Haine-VA ! Mais je comprends : à votre place, je serais un peu groggy aussi. Pas à cause de Papy Eyskens, qui en a « marre de la N-VA, parti d'extrême-droite sur le plan socio-économique ». Ou d'Olivier Maingain, pour qui vous êtes une « menace pour la démocratie ». Ou de ce crasseux de gauchiste de député SP.A qui traite Vic chéri de « semeur de haine nationaliste à la Ratko Mladic ». Non, ça, ça va. Ce qui est embêtant, ce sont ces chiffres de l'immatriculation des véhicules. Même que ça devrait être interdit ! D'ailleurs, en Belgique, pour ne pas stigmatiser une partie de la population selon qu'elle parle telle ou telle langue (drôle, non ?), le recensement linguistique n'existe pas. Ce qui est très pratique : ça permet de raconter n'importe quoi. Par exemple que Brussel est une ville à 15 ou 20 % néerlandophone. Et là, badaboum !, avec ces foutues immatriculations, on a une sorte de recensement par la bande : en 2010, 93,76 % des Bruxellois ont demandé leur plaque en français ! Ça fait mal au pet, hein Bart ?, cette « vérité qui dérange » : 6,24 % de néerlandophones à Brussel, c'est un peu rikiki pour une ville « flamande ». Et plus de 80 % de francophones dans les communes à facilités, ça fait lourd pour une minorité. L'horreur, c'est qu'il y a des traîtres dans la Mère Patrie : rien qu'en 2010, 32.000 « Flamands » ont demandé leur plaque en français ! Dont 23.000 dans le Brabant flamand ! Et le pire, c'est que les démographes sont tous d'accord : en 2020, il y aura encore 12 000 à 15 000 néerlandophones de moins à Bruxelles…

Attention, Bart ! Ce n'est pas que ça me réjouit. C'est rapport à ton indépendance de la Flandre avec Bruxelles dedans : pour flamandiser un million de Brusselaars, va falloir bosser. En plus, c'est vexant : juste avant ces foutues immatriculations, l'INAMI sortait elle aussi ses chiffres. Et tu sais qui coûte le plus cher en soin de santé, Bart ? L'incompétent Bruxellois, avec 1.999 euros par an ? Le boulet wallon avec 2.085 € ? Perdu ! C'est le Flamand, Bart, avec une moyenne de 2.113 € par an… Mais ces chiffres sont sûrement trafiqués par des comploteurs francophones. Comme ceux de la criminalité, qui baisse de 12 % à Bruxelles, de 6,1 % en Wallonie et qui augmente de 4,7 % en Flandre. Alors que, par définition, les Sudistes sont laxistes et profiteurs. Et le Flamand est plus paresseux que le Wallon, tant qu'on y est ! Je ne voudrais pas t'énerver, Bart, mais d'après une étude européenne (dont le volet belge a été mené par la flamande KUL), le Wallon est plus travailleur que le Flamand… N'importe quoi ! Mais ne t'inquiète pas, Bart : la haine ne s'embarrasse pas d'études, de nuances, de chiffres et de vérités. Elle se propage. C'est tout.

Tu peux pas, qu'on t'a dit !

C'est ballot, Olivier ! A cause de toi, Bart est fâché. Donc tu me copieras 100 fois : « Je ne peux pas traiter la N-VA de fachotte. » On avait quand même dit que la N-VA pouvait tout se permettre, merde ! Et toi, gros malin, tu affirmes tout à trac que c'est un parti « national-populiste proche du Vlaams Belang ». Attention : je ne dis pas que tu as tort. Je dis que tu ne peux pas le dire. Surtout pas toi ! Parce que, quand on est FDF, tout ça devient faux. D'office. En décembre dernier, Gérard Deprez pouvait dénoncer le « national-populisme de la N-VA ». Toi tu répètes la même chose en juin, mais tu peux pas, qu'on t'a dit ! Quand Mark Eyskens prétend que la N-VA est « un parti d'extrême droite sur le plan socio-économique », ça va. Tu auras saisi la nuance : « Sur le plan socio-économique ». Et après le social et l'économique, il reste quoi en politique ? La balle pelote, l'astrologie ? Enfin, heureusement qu'Eyskens est vieux. Comme ça, la N-VA peut dire que papy n'a plus toute sa tête. Et que, donc, ça compte pour du beurre. De même, quand un grand écrivain flamand genre Pierre Mertens traite De Wever de révisionniste, ça va aussi. Parce que c'est un artiste. Et pour la N-VA, les artistes sont tous un peu zinzins-bolchéviques-anarchistes-olé-olé. Donc ça compte pas non plus.

N'empêche, Oli, je trouve que pour rétablir la confiance, tu devrais dire que, quand Bart se rend aux obsèques de Karel Dillen, leader néo-fasciste flamand et fondateur du Vlaams Blok, ce n'est pas du tout pour lui rendre hommage. C'est parce que son GPS déconne à toujours le guider vers des cérémonies où y'a plein de chemises brunes. De même, quand Bart rencontre Jean-Marie Le Pen, c'est juste pour lui demander l'adresse de son tailleur qui lui fait de si beaux costumes XXXL. Rien de plus. Et alors, Oli, ce qui serait pas mal aussi, ce serait de souligner que des tas de mandataires fachos du Vlaams Belang passent à la N-VA. Et que c'est magique : subitement, tous ces racistes se transforment en braves démocrates, respectueux de l'autre et de ses différences. Tu pourrais aussi démontrer à quel point les méthodes de la N-VA – agression verbale et bourrage de crâne anti-francophone façon Vic Van Aelst – ne sont pas du tout des méthodes d'extrême droite. Ce sont des outils marketing très courus. Un peu comme le dentifrice qui te blanchit les dents en un seul brossage : on sait que c'est du flan, mais à force de l'entendre, qu'est-ce qu'on aime y croire ! Par exemple, la semaine dernière, les habitants de Geel ont pu assister à une chouette conférence d'un autre orateur N-VA : Staf Kauwenberghs, ex-patron flamand venu témoigner d'une expérience managériale de deux ans dans le Brabant wallon (bastion de l'extrême gauche). Staf y décrivait « un cauchemar épouvantable, une descente aux enfers » et un travailleur wallon pour qui « tout est prétexte à ne rien faire ». Voilà, Oli. Pour rétablir la confiance, tu voudras bien affirmer que tout ceci est de l'information citoyenne. Et que, de toute manière, si la N-VA le dit, c'est que c'est vrai.

VILAINES RUMEURS, VA !

Ça y est, la marche du monde peut reprendre. Le genre humain peut à nouveau respirer : Charlene a calé ses zygomatiques en position « bon d'accord, tu épouses un vieux qu'a vingt ans de plus, mais princesse à Monaco c'est quand même pas la mine de Blégny-Trembleur, alors tu fais au moins l'effort de sourire » et elle nous a fait un « oui » bien comme il faut. Un « oui » un peu figé, mais affirmatif quand même. Albert 2 du Caillou était enthousiaste comme un cactus, certes, mais quand y faut y faut. Et on sait bien que, jeune marié à 53 ans, ce n'est pas comme à 25 ans : on gère. Bref, tout ça était naturel comme un pesticide mais l'important c'est que la Monaco S.A., un peu blette ces derniers temps, ait repris du poil de la bête sur le marché des mafieux russes et des veuves d'armateurs grecs qui ont des pépettes à claquer au casino. Dans ce beau mariage, j'ai bien aimé le souci du détail un peu farce, aussi : Albert avait convié notre gagman national, le prince Lolo, qui nous a fait un superbe numéro de prise de pieds dans le tapis rouge pour se retrouver sur son séant. Sans mal, puisque ses généreux airbags naturels ont amorti la chute. Donc voilà, quand c'est fait, c'est fait ! On n'en parle plus. J'aimerais juste profiter de cet événement de toute première importance pour dire à quel point je suis admiratif du travail des chroniqueurs royaux. Heureusement qu'ils étaient là pour rétablir la vérité vraie, les Stéphane Bern de France 2, les Barbara Louys de la Ertébé ou les Patrick Weber de Ertéel. Après un long travail d'investigation d'au moins trente secondes, ils ont unanimement affirmé que cette histoire de tentative de fuite de Charlene, c'était rien que des vilaines rumeurs lancées par des journalistes d'une « certaine presse » qui sont même pas des chroniqueurs royaux, les cons !

D'ailleurs, c'est bien connu que L'Express, qui a révélé l'affaire, fait partie de cette « certaine presse » de caniveau.

Tandis que eux, les royaux chroniqueurs, ils savent bien qu'un mariage princier c'est comme un conte de fée avec une belle princesse et un prince très charmant, et que les contes de fée c'est toujours très beau. Avant même le mariage, l'expert Weber disait à RTL que c'était « une grande réussite », pasque « seul Monaco peut réussir l'alliance parfaite du gotha et de la jet set » et que donc c'était « un événement qu'on ne peut absolument pas bouder ». Là, l'investigateur royal se laissait un peu emporter par son objectivité. (Je boude si je veux, OK ?) Après, d'autres journalistes d'une « certaine presse » de caniveau (genre Le Monde ou Le Figaro) ont recoupé infos et témoignages. Et les vilaines rumeurs sont devenues un tout petit peu vraies quand même : Darling Charlene et Bébert Chéri ont vraiment eu une énorme brette, la quasi princesse a vraiment pris son balluchon pour finalement se faire choper in extremis à l'aéroport de Nice. Mais là, Stéphane Bern avait une explication qui coulait de source : le stress, vous comprenez. C'est normal : moi aussi, quand je ressens la pression, je vais à Charleroi-Brussels South Airport et je prends un avion pour l'Afrique du Sud. Ça me déstresse.

Article premier

Crénondidoum de vindju de potverdek, les garçons et les filles des partis ! Il va falloir le dire en quelle langue ? Je veux bien vous le traduire en finnois, en kikuyu ou en kashmiri, mais là, il faudrait vraiment commencer à capter : la-N-VA-ne-veut-pas-d'accord ! La-Belgique-c'est-pouêt-pouêt-pour-Bart-et-ses-amis ! Donc-ils-diront-toujours-non-à-un-compromis ! C'est pigé, maintenant ? Excusez de me répéter, mais allez vite me relire le manifeste de la N-VA. Sur leur site Internet, ils l'ont même traduit en français ! Article premier : indépendance de la Flandre. Donc, si on a un bout de cerveau, ça veut dire : fin de la Belgique. Et pour ça, Bart ment aux Flamands, trafique les chiffres, bidouille l'Histoire… Et la Flandre le croit. C'est normal : il a gagné un jeu télé. Et donc Bart prétendrait que le carré de la longueur de l'hypoténuse d'un triangle rectangle n'est pas du tout égal à la somme des carrés des longueurs des deux autres côtés, la Flandre accuserait Pythagore et son théorème d'être des fumisteries. La Flandre croit toujours Bart De Wever. Alors mes petits loups, c'est bien sympa de pondre des notes jusqu'à la nuit des temps, mais moi j'aimerais avoir un gouvernement de mon vivant. Notez que, sur le principe, la tactique n'est pas totalement sotte, étant entendu que Bart est lui aussi mortel. Avec les graisses qu'il engouffre au quotidien, il pourrait même nous quitter vers les 68 ans. Comme il en 40, ça ne nous fait plus que 28 ans à jouer à faire des notes. Donc on peut demander à Elio, à Didjé, à Léo Tindemans, à ma tante Betsy, à Stéphane Pauwels, à Laurent Louis (non, pas lui), à Anne-Marie Lizin, à mes Louloutes, à Georges Leekens, à Gérard Meunier (c'est un gars que je connais), à Eddy Merckx, au prince Laurent (non, pas lui non plus) et aux Frères Taloche de se relayer tous les deux mois jusqu'en 2039 pour pondre des notes auxquelles Bart pourra dire « neen »... Mais chez Moody's ou chez Standard & Poors, on va mal le prendre. Donc il reste deux solutions.

Et là, Elio, Joëlle, Caroline, Jean-Michel, Charles, Alexander et les deux Wouter, je vous demande de bien les noter, cette fois. Sinon, grosse fessée. Tout le monde a son bic à quatre couleurs ? Vous verrez, ce n'est pas si compliqué. Donc voilà... Option petit 1 : on fait tout bien comme Bart a dit dans son programme. En gros : tout plein de pouvoirs et de pognon pour la Flandre, Bruxelles flamand et tous les pauvres parqués dans une sorte de CPAS géant appelé « Wallonie », mais qui continue pendant un certain temps à payer les pensions des riches Flamands, et puis un jour, poum !, plus de Belgique. Option petit 2 : on fait sans la N-VA. On dit à Bart : « Ecoute, Fifi, t'as que 27,8 % en Flandre, donc 15 % sur tout le pays, donc tu vas jouer à Vlaams Leeuw dans le bac à sable de la plaine de jeux de la Tour de l'Yser avec le Vlaams Belang, et tu nous fous la paix. » Petit message spécial au Wouter du CD&V : je te conseille fortement de choisir l'option petit 2, sinon tu risques toi aussi de mourir jeune, politiquement. Et ton parti avec.

Si j'aurais resté à la RTB

Je vous sens admiratifs : mazette, le Peiff ne prend pas ses congés payés ! Sûr qu'il n'a pas voulu quitter la Belgique pour ne rien rater de l'actu. Or comme on va bientôt avoir un gouvernement (je rigole), ce n'est pas le moment d'aller se les mettre en éventail. Eh bien, si ! Moi aussi, je glandouille très loin de la note d'Elio, de la stratégie crétine du CD&V, de la 374ème réunion « de la dernière chance » et du 762ème « momentum politique ». Normalement, là, je dois être à l'apéro (j'ai souvent apéro, comme activité sportive de vacances). Bart De Wever peut mourir d'étouffement en bouffant sa 32ème gaufre de la journée, je m'en cale profond ! Tante Fabi peut être nommée formatrice royale, je m'en contre-touille ! Pour être honnête, je vous ai écrit cette bafouille avant de prendre la poudre des clapettes. J'en ai profité pour faire une séance de rattrapage sur un méga-truc d'actu que j'ai honte d'avoir zappé au moment des faits. Quoi, la 628ème grève sauvage des TEC Liège-Verviers ? La quéquette sauvage de DSK ? Kris Peeters qui veut être reçu comme un chef d'Etat (de la Flandre)? Mahmoud Ahmadinejad qui accuse les pays occidentaux de voler l'eau de pluie iranienne en « vidant les nuages de leurs gouttes d'eau »? Du tout.

La véritable méga-affaire qui bouleverse nos vies est autrement plus marquante : Stéphane Pauwels a quitté la RTBF pour RTL ! Qu'est-ce qu'on va faire sans Lui, le lundi dans la Tribune de foot ? Attention, Stef, je comprends : certains transferts ne se refusent pas, même vers une télé que tu trouvais super conne il y a quelques mois. Si j'ai bien compris, la RTB te bloquait dans ton irrémédiable ascension vers les sommets de la radio-télé. Tandis qu'à RTL, ils ont compris que tu étais le grand animateur de demain, avec des méga-shows en prime-time et tout et tout. Donc on va souvent te voir. Et t'entendre. C'est pour ça que j'ai un petit cadeau. Tu passes le chercher quand tu veux. C'est un petit livre : le Bescherelle. Tu verras, c'est super. Mes Louloutes le connaissent par cœur depuis leur 5ème primaire chez Madame Katia. Ça cause des conjugaisons dans la langue française. Et il y a un chapitre très utile que tu devrais relire : celui des phrases qui commencent par « si ». Ça s'appelle le « conditionnel ». Et là, tu verras que certains verbes se conjuguent avec l'auxiliaire « avoir » et d'autres avec l'auxiliaire « être ». Ça ne se fait pas à pouf. Par exemple, on ne dit pas « si je serais resté à la RTBF » mais « si j'étais resté à la RTBF, je ne serais pas devenu une giga-star internationale ». Donc voilà : tu me révises tout ça pendant tes vacances et comme ça, nous, quand on regardera RTL, on ne se prendra pas un cancer du tympan avec des « si j'aurais été » ou des « si je serais vous ». Précision : je sais qu'on ne dit pas « prendre la poudre des clapettes », mais « prendre la poudre d'escampette ». C'est fait exprès (et pas « en exprès »). Un peu comme si tu disais « je passe du Coca Light » pour dire « je passe du coq à l'âne ». C'est un jeu de mots qui a rapport aux vacances, que je te souhaite excellentes.

Retenez-moi ou je reste !

Je profite des congés payés pour revenir sur Silvio chéri, qui n'a plus du tout la patate : « Ce n'est plus comme avant. Les Italiens ne m'écoutent plus. » Et donc le top-chef de la droite italienne a prévenu : peut-être qu'il ne se présentera pas aux législatives de 2013, alors qu'il n'aura que 77 ans, à peine ! Vous imaginez un monde sans Berlu la Classe ? Un monde sans ses liftings, sans ses implants capillaires, sans ses turbo-biches au bord de la piscine ? Je regrette, chers amis italiens, mais si un tel désastre planétaire devait se produire, vous l'auriez cherché ! Déjà, aux dernières élections communales, vous lui avez piqué sa ville de Milan pour l'offrir à la gauche. Alors que Silvio vous avait pourtant prévenus que « ceux qui votent pour la gauche sont des couillons qui n'ont pas de cerveau. » Et que cette gauche allait faire de Milan « une ville islamique, assiégée par les étrangers ». Donc déjà, c'était très mal. Et puis, il y a eu ce référendum. Pour votre bien à tous, Berlu voulait privatiser l'eau du robinet, relancer le nucléaire italien (en plein Fukushima) et s'offrir une immunité judiciaire pour toutes ses petites chipoteries pas bien graves-graves qu'il a avec la justice (fraudes fiscales, corruptions diverses, recours à péripatéticiennes mineures, abus de pouvoir, etc). Rien que du très normal. Et qu'est-ce que vous faites ? Vous lui envoyez une raclée de « non » dans les gencives, à 93 % !

Bande d'ingrats ! Quand on pense à ce que cet immense bienfaiteur a fait pour l'Italie. D'ailleurs, il le dit lui-même : « Je suis le Jésus-Christ de la politique. Je supporte tout, je me sacrifie pour tout le monde». Et c'est vrai que vous vous focalisez sur le négatif. En découvrant par exemple que Berlu a fait de la TV italienne la télé la plus con du monde (très copiée, depuis lors). En soulignant que son club de foot, le grand AC Milan, est aujourd'hui à un poil de quéquette de puceron de la banqueroute (60 millions de trou en un an!). En déplorant qu'après 10 ans de berlusconisme, l'économie de l'Italie est patraque et que ses finances publiques virent à la moussaka. Oui. Bon. D'accord. Mais on dira ce qu'on voudra, quel orateur! Vous ne les aimez plus, ses bons mots si délicats? Par exemple, quand vos dames se plaignaient de la recrudescence des viols en Italie et que Berlu était désolé de ne rien pouvoir faire: «Il y a tellement de belles filles italiennes que ce serait mission impossible!» Les juges italiens qui ont cette fâcheuse tendance à lui demander des comptes? Ce sont des «métastases de la démocratie». Obama? Il est «jeune, beau et même bronzé». La déportation des Juifs d'Italie? «Mussolini n'a jamais tué personne: il se contentait d'envoyer des opposants en vacances...» Ha-ha, c'était bien, quand même! Heureusement, tout n'est pas perdu. Angelino Alfano, son dauphin au Peuple de la liberté, n'est pas sûr de la retraite du grand homme d'Etat. Silvio chéri nous ferait juste une crise très passagère de «Retenez-moi ou je reste!», en somme. Il subsiste de l'espoir, donc. Pour les Italiens, surtout.

Pas d'inquiétude

« Je conteste les faits mis à ma charge de manière la plus forte. » Vous voyez qu'il est clean, Didier Bellens ! Sûrement que le juge d'instruction qui a inculpé le patron de Belgacom pour corruption passive a été un peu trop zélé. Mais allez, Did, on va jouer à comme si ça tournait vinaigre. Après tout, tu les alignes un peu serrés, les trucs qui font mauvais genre pour un patron d'entreprise (en partie) publique. Déjà, en 2008, tu avais frôlé le C4 à force de taper lourd dans la caisse salariale. Heureusement, tu avais diminué (un peu) ta rémunération fixe en augmentant (beaucoup) ta rémunération « variable » (total : 2,2 millions en 2010). Et puis il y a eu tes chipotages boursiers. Comme lors de cette OPA lancée par Belgacom (donc par toi) sur Telindus, tu te souviens ? Juste avant l'OPA, tu faisais justement un petit placement perso en achetant tout plein d'actions Telindus. Il y a quelques mois, tu revendais aussi un méga-paquet de tes actions Belgacom juste avant que Belgacom TV perde le contrat foot au profit de son concurrent, Voo/Telenet. Le hasard, quand même ! Et alors, dis donc, j'ai appris qu'à la tête de Belgacom, tu mettais une sacrée ambiance en virant régulièrement des charrettes de collaborateurs parce que tu serais un peu genre autoritaire. Et maintenant voilà cette malheureuse inculpation…

Donc imagine que, contre toute attente, tu doives démissionner et que tu sois obligé de prendre ta préretraite à 56 ans. Souci : tu devras attendre pour toucher les épargnes pensions que Belgacom verse pour toi (184 000 euros par an, quand même). D'ici là, comment faire ? Comme tu n'as pas le temps de faire tes comptes ménage, je l'ai fait pour toi. A la grosse louche. Ma conclusion ? Pas d'inquiétude ! Question pépettes, tu pourras voir venir. Je n'ai pas chipoté à comptabiliser tes rémunérations d'avant Belgacom, quand tu étais ultra-top-manager chez Albert Frère ou à la tête d'RTL Group. Disons que c'est ton argent de poche. Je n'ai compté que ce que tu as engrangé chez Belgacom. Comment dis-tu ? Au début, c'était moins de 2,2 millions par an ? Ok : disons 2 millions de moyenne depuis 2003. C'est cool, tu ne trouves pas, 18 millions en neuf ans chez Belgacom? Je sais, il faut vivre : y'a les Colruyt, les frais scolaires des gamins, les shoppings de madame, la maison 18 façades, l'un ou l'autre appart au Zoute ou à Courchevel… La vie quotidienne, quoi. Donc disons que t'as pété une petite moitié et qu'il te reste 10 briques. Plus les 3 millions d'indemnité de rupture chez Belgacom : 13 millions de patates sur ton compte épargne. Placés prudemment à 4 %, ça te fait 520 000 euros d'intérêts par an. Donc une espèce de salaire mensuel de 43 000 euros. Ou, si tu préfères, un petit 1 500 euros par jour (comme un vendeur en téléboutique Belgacom, mais lui, c'est par mois). Et tout ça en gardant ton bas de laine de 13 millions de patates en cas de coup dur. Tu sais quoi, Did' ? Viens boire une Orval à la maison. Je t'expliquerai ce qu'un préretraité peut faire avec 43 000 euros par mois. J'ai tout plein d'idées. Ah oui : je facture ma consultance à 1 000 euros de l'heure TVAC. Une misère.

LA SECTE

Les négos vont bientôt reprendre sans Bart et ses amis. Ce sera donc moins farce. Notez qu'ils pourront toujours faire les comiques depuis le banc de touche. Le député Ben Weyts a déjà commencé. C'est normal : il est vice-président de la N-VA, donc il montre l'exemple. Et l'ami Ben s'est donné une mission, dans la vie : prouver que Bruxelles (pardon, Brussel) est flamande puisqu'elle grouille d'habitants néerlandophones. Problème : le recensement linguistique est interdit. Mais Ben est un malin : il a investigué par la bande. Ahaa, on allait voir ce qu'on allait voir ! Pour sûr que Brussel compte facilement ses 15 % de Flamands. Ce qui, bien entendu, suffit amplement à incorporer Brussel dans la très prochaine Flandre indépendante (comme déjà stipulé sur les cartes de l'Office flamand du tourisme). Ben le Malin a donc demandé à la DIV combien de plaques d'immatriculation étaient sollicitées en néerlandais à Brussel. Puis combien de Brusselaars ont introduit leur formulaire de pension en flamand. Et enfin combien de factures Belgacom sont émises en néerlandais à Brussel. Résultats ? Autour de 7 %… Donc ça fait mal au fion. Là, normalement, Ben le Malin devrait filer à sa maison de Huizingen, soigner cette vilaine démangeaison au pépette et, surtout, se taire. Or pas du tout ! Ben Weyts reste « convaincu » que le nombre de Flamands à Brussel est bien plus élevé! Et il a une explication : dans les couples « mixtes » NL/FR, c'est toujours le conjoint néerlandophone qui accepte que l'administratif se fasse en français. « C'est normal : les Flamands sont comme ça. Ils s'adaptent aux autres. » Mieux éduqués. Plus prévenants. Plus mieux, quoi. Et il se base sur quoi, Ben, pour affirmer ça ? Sur rien. Il en est « convaincu ».

L'important, c'est donc la conviction, la croyance : tu ne sais rien dire là-contre. Question de foi. Un peu comme dans les sectes. Dans leur secte à eux, Ben et ses adeptes croient vraiment que Brussel est une ville flamande. Comme les Témoins de Jéhovah croyaient vraiment en la fin du monde en 1914, puis en 1925, puis en 1975, et maintenant en 2034. Tu sais quoi, Ben ? Ce qui se passe réellement à Brussel, c'est que les Flamands sont au moins 97 %. Et tous ceux qui causent en français, en anglais, en arabe, en espagnol, en turc ou en polonais, ce sont des Flamands qui s'adaptent aux autres 3 % restants, en fait. Par exemple, moi, je ne suis pas du tout un Wallon né à Verviers et implanté à Schaerbeek depuis 26 ans. Je suis un Flamand né à Poelkapelle qui parle le français pour m'adapter aux rares francophones de Brussel. Je vais même te dire : l'anglais qu'on entend de plus en plus dans la capitale, c'est une langue qui n'existe pas, en réalité. C'est du flamand déguisé. Le turc idem : c'est du néerlandais avec un fort accent du Limbourg. Tout comme l'espagnol est une déclinaison courtraisienne du néerlandais. Et ce qu'on appelle erronément l'arabe, c'est bêtement de l'anversois mal prononcé. Donc, vas-y, Ben, tu peux franchement tous nous compter parmi les néerlandophones de Brussel. Et tu n'écoutes surtout pas ceux qui te diront que dans « convaincu », il y a « vaincu » et il y a « con », aussi.

File dans ta chambre !

Il était une fois un garçon, Wouter Beke, qui comprenait très, très lentement. Le 13 juin 2010, le CD&V prenait une giga-rameling au profit de la N-VA. Arrivé à la tête de son parti, le petit Wouter lançait donc un nouveau projet politique: tout bien faire comme la N-VA. C'est quoi, ton programme, Wouter? Fastoche: tu prends celui-là de la N-VA, tu cliques sur copier-coller et tu mets le logo du CD&V. Sauf que nous, attention!, on n'est pas séparatistes. Enfin, pas ouvertement: on dit qu'on veut encore être avec les Wallons, mais on demande tout plein de trucs comme la N-VA, donc comme si on se séparait. Et t'es sûr que c'est la meilleure tactique, Wouter? Tu ne crois pas que ça va se voir, que vous êtes un peu hypocrites? M'en fous! J'irai pas au gouvernement sans la N-VA! Pendant quatorze mois, Elio, Johan, Didjé et les autres machin-choseurs royaux tentent de lui expliquer: écoute gamin, si Bart dit non à tout et que toi tu dis «oui-mais-non» à tout, ça revient au même, donc les Flamands préféreront la N-VA. M'en fous! Quatorze mois et 27 sondages plus tard, le CD&V flirte avec les scores de la Liste Dedecker. Et le roi se fâche: «Bordel, Wouter! Tu mettrais pas un cerveau, des fois!» Le président du CD&V crâne, mais comprend enfin: «Vous voulez qu'on vienne au gouvernement sans Bart? Fallait le dire tout de suite!» Et le CD&V se décide à entrer dans la (future) négo à huit. Sans Bart. C'est bien.

Sauf que le garçon fait encore parfois des crises de N-Véïte aiguë. La semaine passée, au 422ème jour de crise, Wouter fêtait l'anniversaire de ses 37 ans en s'offrant un petit plaisir: «Un accord sur BHV reste LA priorité du CD&V! BHV d'abord, le budget et le socio-économique ensuite ! » C'est un peu fatigant, mais je vais essayer... Bon alors, Wouter, est-ce que tu as entendu parler des déficits publics des Etats, des agences de notation, de la crise de la dette de la Grèce, du Portugal, de l'Italie ou des Etats-Unis qui affolent les marchés financiers et menacent de tout foutre en l'air ? Je sais, c'est con : aujourd'hui, les marchés décident de tout. Mais c'est comme ça. Il y a comme qui dirait le feu au lac financier mondial. Et il y a méga-urgence à calmer les types et les gonzesses des bourses. Et comment on fait ? Non, Wouter, on ne fait pas un accord sur BHV ! Le Johnny de chez Standard & Poors ou la Madame Chen qui bosse à la bourse de Shanghai, ils s'en chtouillent complet de ton BHV et de ta circulaire Peeters. La Flandre, ils pensent que c'est une danse folklorique et BHV un groupe de rap. Donc tu piges ? Ce qu'ils veulent, les marchés, ce sont des Etats qui s'occupent de leur dette, donc qui font un budget pour 2012 et qui réorganisent leur économie. Et vite ! Tu comprends, Wouter, dans la vie, il y a des priorités absolues. C'est un peu comme en Syrie : quand un char de Bachar el-Assad déboule dans une rue, les manifestants se préoccupent assez peu de savoir si leur brushing est bien en place. Parce qu'il y a urgence ! Donc voilà, Wouter, t'as bien tout noté ? On fait d'abord un budget et du socio-éco. Après, si ça t'amuse, tu joueras à BHV. Et maintenant, file dans ta chambre !

Une nouvelle Mimischpapoute

Je me le disais pas plus tard que récemment : Modrikamen, il fait du boudin ? On ne l'entend plus. Pourtant, c'était drôle. Pas lui : il est gai comme une truelle. Mais son Parti Populaire, qu'est-ce que c'était farce ! Rudy Aernoudt et ses amis ? Virés. Les pro-Modri pas suffisamment anti-Rudy ? Virés. Laurent Louis, seul élu du PP ? Viré. Les dictatures ont inventé le parti unique. Le PP a inventé le parti de l'unique Modrikamen. N'empêche qu'à force, Mischaël devait se sentir un peu seul et exclu du grand débat d'idées. Surtout que, pendant ce temps, P'tit Louis lançait des concepts politiques aussi pertinents que l'instauration d'un permis de faire des enfants (?!?!). Pauvre Mimisch, il doit être tout raplapla à la tête de son parti à lui tout seul. Eh bien, pas du tout, que nenni : le super-président unique du PéPé pète la forme ! Il a même donné une interview. Et ça y est, il sait enfin ce qu'il va faire du PéPé : il va faire « populisme ». Il le faisait déjà, mais maintenant c'est officiel. Mimisch a même imaginé une nouvelle doctrine dans sa tête. Et du finassé ! Vous pensiez que le populisme c'était apporter des solutions crétino-simplistes à des problèmes compliqués ? Le populisme à la Modri, c'est beaucoup plus astiqué que ça. Je vous détaille les composants…

Ce qui marche d'enfer, quand on veut faire « populisme », c'est le nationalisme. Mais vu qu'on est en Belgique, le mieux c'est le nationalisme de racrapotage régionaliste. Mimisch va donc faire « une N-VA francophone ». De parti unitaire belgicain, le

PéPé virerait donc séparatiste ? Ça, y sait pas encore trop. Faudra voir. L'autre truc tendance, quand on fait « populisme », c'est d'être anti-Européen. Ou, en tout cas, anti-racaille européenne. Donc Modri va éjecter de la zone euro des pays-boulets comme la Grèce, l'Irlande ou le Portugal et rétablir les frontières nationales. Ensuite et surtout, il y a l'ultra-indispensable du populisme bien pensé : le sécuritaire anti-immigrés (si possible musulmans : ça cartonne). Et là, Mimisch assure : il va nous stopper l'immigration et nous foutre les délinquants immigrés et les islamistes dehors ! Là, vous tiltez : mais on dirait le programme du Front National ! Justement : Mimisch veut « récupérer les votes du FN ». Mais attention, pas en étant raciste. (C'est interdit, y peut pas.) Modri se dit proche de la famille Le Pen, de Geert Wilders aux Pays-Bas, du Parti du Peuple danois ou de l'UDC en Suisse. Qui ne sont pas d'extrême droite, d'après lui (?!?!). En plus, on peut lui faire confiance : si ses nouveaux amis ex-FN étaient tentés de distiller quelques saloperies racistes, Mimisch sait tenir ses troupes. Il l'a prouvé. Je résume donc la nouvelle Mimischpapoute du PéPé : une N-VA nationaliste francophone peut-être bien séparatiste (mais pas sûr) avec un zeste d'extrême droite mais pas trop visiblement raciste. Et les prochaines élections, il les sent comment, le nouveau French De Wever cloné avec Le Pen et une pincée de Daniel Féret ? Triomphales : « L'électorat populiste potentiel tourne autour de 10 à 30 %. Nous correspondons tellement à ce que les gens attendent ! » Finalement, il est plutôt farce, ce Mimisch.

C'EST PAR OÙ, LES TOILETTES ?

Après une remarquable carrière de chef de la diplomatie belge, Karel De Gucht est devenu Commissaire européen (au Commerce). Et là, à l'Europe, il ne dit pas trop de sottises. Prudence. Mais frustration, aussi ! Parce qu'il est comme ça, Karel : il aime bien déclarer des trucs qui font badaboum tagada tsouin-tsouin. C'est sa came. Il lui faut sa dose. Alors quand il est en manque d'une bonne petite déclaration qui fait chtong, il revient sur le terrain belge. C'est plus discret, ça reste entre nous, donc pas de souci question de son job à l'Europe. Parfois, ça le fait : quand il traite les CD&V de « pom-pom girls de la N-VA », j'aime assez. Parfois beaucoup moins, comme la semaine dernière. Tiens !, se dit Serial Declarator, je m'en ferais bien une petite ! Et pourquoi pas sur les handicapés ? Je les ai pas encore faits, les handics. Et il se la fait : « Il y a trop de handicapés en Belgique. Des gens perçoivent une allocation de handicap alors qu'ils pourraient travailler. » Déjà, un : t'en sais rien, Karel. T'as vérifié au cas par cas ? T'es médecin ? Non. Et donc deux : j'ai un goût de vomi qui remonte. Surtout qu'après, on peut toujours compter sur Bart et ses pitbulls pour en remettre une pelletée communautaire. Ils sont comme ça, à la Haine-VA : tu leur lances un nonosse et ils te le bouffent à la sauce anti-wallone : « En Wallonie, il y a 50 % de handicapés de plus qu'en Flandre. » Ce qui est faux. Mais ça n'a pas d'importance puisque l'activité démocratique de Bart & Consorts revient à appliquer la tactique suivante : dites des conneries sur le Wallon resquilleur congénital, il en restera toujours quelque chose dans l'opinion flamande, ce qui est tout bon pour les sondages. Question d'entretien. Par exemple moi, hier en taillant mes rosiers, je me suis fait une éraflure à l'auriculaire. Donc automatiquement, je pourrais être soupçonné par la N-VA de vouloir réclamer une allocation de handicap, genre à 66 % d'incapacité. A vie. C'est normal : je suis wallon. Profiteur. C'est dans les gènes.

Si j'ai bien compris, probablement donc qu'une bonne partie des handicapés wallons ont fait exprès de se retrouver en chaise roulante. Pour profiter des largesses flamandes. Là, je vais bientôt gerber tout mon couscous. Mais comme j'aime pas gâcher, Karel, Bart et les autres, ça m'arrangerait que vous vous défouliez sur d'autres sujets, les prochaines fois. Par exemple, Declarator pourrait lancer un nonosse en disant : « En Belgique, il y a trop de pluie ». Comme ça, après, la N-VA pourra compter les gouttes wallonnes et flamandes. Ca l'occupera. Si vous voulez du plus accrocheur, Karel pourrait nous faire une déclaration courroucée sur les flatulences : « En Belgique, les gens pètent beaucoup trop ! » Et donc Bart et ses amis comptabiliseront les prouts wallonnes, qui seront bien évidemment plus nombreuses que les flamandes. Ou alors, pas mal aussi : « En Belgique, il y a trop d'obèses. » Non, pas l'obésité : Bart va pas aimer. Bref, les garçons, si je dis ça c'est parce que, comme vous êtes lancés, vous allez bientôt vous demander si certains leucémiques ne profiteraient pas un peu du système. Surtout les Wallons. C'est par où, les toilettes ?

Miss Poupoupidouwie

Il paraît que l'ambiance est cool autour d'Elio, question d'avoir un gouvernement avant 2019 pour la Belgique. Oups ! Ca y est ! Le dérapage ! Le réflexe malheureux ! J'aurais jamais dû écrire ce mot : « Belgique ». C'est trop tard : je sens déjà que j'entre dans une période de scoumoune. Vous aussi, vous aviez remarqué ? Au jour d'aujourd'hui, dès que quelque chose a rapport à la « Belgique », c'est la mano negra garantie. Vous voulez des exemples ? J'en ai des brouettes. Nos éminences essayent (ou pas) de former un gouvernement pour qui donc ? Pour la « Belgique » ! Et kwè ? On l'attend depuis bientôt 15 mois ! Prenez les Diables Rouges : chacun dans leur club, nos footballistes sont bons et même parfois top-méga-bons. Quand on les met ensemble, c'est pour former l'équipe de quoi ? De « Belgique ». Et voilà ! Pas fichus de battre l'Azerbaïdjan, au revoir l'Euro 2012 ! Un autre cas : seul, Kevin Borlée nous pète un 400 mètres de la balle et ramène une médaille à son papa. Trois jours plus tard, avec son frangin et deux autres gaillards, il est en finale du relais 4x400 mètres. Et ils forment quoi, les quatre garçons ? L'équipe de… « Belgique ». Poum !, cinquièmes, et pas de médaille. Les « Belgian Lions » ? Cinq branlées d'affilée à l'Euro de basket ! Et alors, je ne voudrais affoler personne, mais il y a quand même LE truc qui fout les chocottes : Miss « Belgique », c'est bientôt fini ! Les télés n'en veulent plus. Surtout les chaînes flamandes. Pas parce qu'on y voit des turbo-biches wallonnes ânonner trois mots de flamand liégeois, et que donc ça agace la N-VA. Non, c'est bêtement que le concours Miss « Belgique » fait des audiences de danse contemporaine sur Arte. Et donc les télés veulent le zapper. Or un concours Miss « Belgique » sans la télé, ça devient un peu Miss T-Shirt Mouillé à la fancy-fair de l'Ecole technique Saint-Joseph, section coiffure/esthétique. Donc plus de Miss « Belgique ». Outre le drame que cela constitue pour la réserve de recrutement des speakerines RTL, qui va dénoncer la faim dans le monde et aussi les guerres et l'injustice, maintenant ?

Donc ça me semble clair : ces huit lettres du mot « Belgique » nous foutent la poisse. D'ailleurs, si je puis me permettre, je conseillerais respectueusement à Ma Majesté vénérée d'arrêter de se faire appeler « Albert II de Belgique ». Ça va finir par lui causer des problèmes, à lui ou à sa descendance. Un accident de yacht ou une panne de dotation, que sais-je. Et donc, pour éviter toute tragédie future, il est me semble urgent de changer de nom de pays. Par exemple, la Belgique pourrait désormais s'appeler la Cratouchnie. Ou Macapetteland. Ou alors la Poupoupidouwie. C'est joli, la Popoupidouwie. Tout irait bien, subitement ! La Popoupidouwie aurait un gouvernement demain matin, Philou serait bientôt le roi des Poupoupidouwais et notre équipe nationale poupoupidouwaise gagnerait la Coupe du Monde 2014. Et alors, surtout, on aurait encore un concours « Miss Poupoupidouwie » qui ferait tout plein d'audience et qui, chaque année, continuerait de nous donner le cap de l'élégance, de l'esprit et de la modernité « à la poupoupidouwaise ». Peut-être même que la Miss Poupoupidouwie 2012 ne ferait pas des études d'esthéticienne.

Taxez-moi ! (Un tout petit peu)

Quel con, ce Warren Buffett ! Pourtant, c'était mon idole. Avec son fonds d'investissement « Berkshire Hathaway », il était devenu le plus riche du monde ! Ou quasi. Et donc pour nous, les méga-thunés, Warren était une sorte de gourou, notre pape du placement, notre Benoît 16 de la finance. Oui, parce que moi aussi je suis riche à mort. Je ne sais plus quoi en faire, de mon pognon. Vous en voulez ? (Je rigole.) C'est normal que mes comptes d'épargne débordent de partout : depuis les années 90, j'ai courageusement spéculé sur du vent, avec l'aimable collaboration de mes amis, les banquiers. Et puis le système s'est viandé la tronche, les Etats ont dû sauver les banques et qui c'est qui raque, maintenant ? Le contribuable. Donc vous, les pauvres. Moi ? Ça va pas mal : j'ai perdu quelques petits millions en 2008, mais c'est cacahuète à côté des mégatonnes d'euros que j'ai empilées avant, tout ça en ne payant que des broutilles d'impôts. En gros, je suis un peu comme les dix familles les plus riches de Belgique : en dix ans, malgré la crise, elles ont multiplié leur fortune par six ! Donc c'est cool. Sauf que là, qu'est-ce qu'il me fait, Warren ? Pour réduire le giga-déficit budgétaire des USA, pépé propose qu'on augmente les impôts des ultra-pétés de broques ! Et pas un peu : jusqu'à 30 % de plus ! « Pendant que de nombreux Américains luttent pour joindre les deux bouts, nous les méga-riches continuons de bénéficier d'exemptions fiscales extraordinaires. » Et Buffett, 81 ans, d'expliquer qu'il verse 17 % d'impôts sur ses revenus alors que ses petits employés crachent jusqu'à 40 %. Du coup, le vieux en appelle au gouvernement américain : « Taxez-moi davantage ! » Et ce qui est gênant, c'est qu'il précise que « ça ne nuira pas du tout aux investissements, donc à l'emploi ». Quand je pense que nous, les culs dans le caviar, on a expliqué pendant des décennies aux politiques que si on imposait davantage les riches, ça nuirait gravement au dynamisme économique. Et ils l'ont cru !

Bref, à cause de Papy Buffett, nous les riches Européens, on a été un peu obligés d'embrayer. Sinon, ça allait se voir qu'on profite. Mais on l'a joué futé. Par exemple, en France, on a demandé au PDG de l'agence de pub Publicis, Maurice Lévy (salaire mensuel : 300.000 euro-patates !), de faire une jolie déclaration comme Warren. Ou presque : « Nous aussi, les grands patrons français, on veut davantage contribuer à l'effort. De manière raisonnable. » Traduction du message au gouvernement Sarkozy : d'accord pour être taxé une brindille de plus sur nos revenus déclarés, mais pas touche à toutes les « niches fiscales » qui nous permettent de déclarer un minimum de revenus. Vendu ? Vendu ! Les blindés français verseront donc un impôt exceptionnel de 3 %, ce qui fait 200 millions en tout. Mais ils auront aussi une ch'tite ristourne de l'impôt sur la fortune, pour… 2 milliards. Bel effort. En Belgique, on est encore plus malins, nous les riches : on se tait. Des fois que certains découvraient qu'on vit vraiment dans un paradis fiscal pour pétés de fric : pas d'impôt sur la fortune et des revenus déclarés tellement bas qu'Albert Frère paie moins d'impôts que sa femme de ménage ! N'empêche, quel vieux con, ce Warren ! Il a failli me mettre sur la paille. Je rigoooole !

AH, MAIS ÇA CHANGE TOUT !

Mais si, Mamy Jeanine, que c'est his-to-rique! Ça bloquait la Belgique depuis quarante ans! Et là, grâce à Elio qui a claqué deux portes, ça y est: BHV devient B d'un côté et HV de l'autre. – *Et ça change quoi?* Ah, mais ça change tout, Mamy Jeanine! Prends ta jatte de Ricoré, je t'explique. D'abord, c'est assez dire qu'autour de B, il y a six communes (flamandes) à facilités (pour les francophones). En fait, ce sont des francophones qui vivent là, genre à 80-85 %. Eh bien, maintenant, ces six communes seront des communes (flamandes) à facilités (pour les francophones), mais dans HV séparé de B, et plus dans BHV ensemble. Tu saisis? – *Vaguement. Mais dans ces six communes à facilités, ils pourront voter pour des partis de B. Avant, ils ne pouvaient pas?* Si, mais c'était dans BHV. Maintenant, c'est dans HV sans B. Et alors, giga-important!, les bourgmestres « non nommés » des communes à facilités deviennent des bourgmestres « désignés ». Donc maintenant, ils pourront faire leur job de bourgmestres. – *Et avant, ils ne le faisaient pas?* Si. – *Ben alors?* Ben maintenant, si par exemple le bourgmestre veut organiser un Goûter des Joyeux 3x20 à la Salle polyvalente de Linkebeek, il le décidera en HV, et plus en BHV. – *Ce qui n'est plus du tout la même chose?* Euuuh, non. Et ce n'est pas tout: tu sais que d'autres francophones vivent dans HV, mais pas dans les communes à facilités. C'est tout près de B aussi, mais un tout petit peu plus loin. Par exemple, il y a Meise ou Dilbeek ou Leeuw-Saint-Pierre ou Beersel. Eh bien, les habitants francophones de ces communes pourront aller en justice en français à B. – *Et avant, ils devaient aller en justice en flamand?* Non, mais maintenant, ce sera en venant de HV, plus en venant de BHV, et ce sans avoir déménagé. C'est magique.

Ce qu'il y a aussi, c'est que les francophones de HV qui ne sont pas dans les communes à facilités mais tout près de B quand même, eh bien ils ne pourront plus voter pour des listes de B. – *Donc ils ne pourront voter que pour des Flamands ?* Non, ils pourront faire des listes francophones, mais dans HV, plus dans BHV. – *Et ce B séparé de HV qui change tout, ça va sauver la Belgique ? Je veux dire : un jour, Philou pourra quand même devenir le roi avec Mathilde ?* Là, Mamy Jeanine, c'est pas encore sûr-sûr. D'abord parce que c'est Philou et que, hein, tu sais bien… Ensuite, il y a quand même Bart et tous ses amis, qui doivent l'avoir très mauvaise. Parce que, si tu veux, on lui a un peu piqué les six communes à facilités en stoemelinks. Officiellement, elles sont dans HV et donc en FL. Mais comme leurs habitants francophones peuvent faire tout comme ceux de B, c'est un peu comme si ces communes avaient rejoint B en cachette. Tu piges ? – *Ouais, facile.* Du coup, ça nous fait comme un lien territorial entre B et W qui pourraient former un pays, au cas où Bart et les fachos du VB feraient plus de 50 % aux élections de 2014 et que, donc, ils décideraient que la FL est un pays à elle toute seule. Mais chûûût, faut pas le dire ! – *Dis, Fiston, tu sais quoi ? J'ai un peu mal au crâne, tout à coup.* Pas grave, Mamy Jeanine, je file. Mais ne t'inquiète pas : je reviens la semaine prochaine pour t'expliquer la loi de financement. T'es contente ?

Cinq secondes de courage

Le politique belge est tout de suite moins flamboyant. Berlusconi, au moins, il braille : « L'Italie est un pays de merde ! » Ou alors il fait son malin avec quelques turbo-biches dûment rémunérées : « Je suis Premier ministre durant mes temps libres » (on avait noté) et même qu'à 70 ans, je dispose encore d'un super-tich, tâtez-moi ça. C'est normal : Silvio est Italien. Tandis qu'Yves Leterme, il est belge. Or donc un certain Angel Gurria, patron de l'OCDE de son état, téléphone à notre Premier ministre intermittent : « Dis, Yves, tu ne viendrais pas à Paris pour être mon adjoint ? Je sais que pour un Premier ministre, c'est comme si tu étais muté chef-coursier au CPAS de Warneton, mais vu que ton avenir politique est aussi ouvert que le sphincter d'un moineau constipé... » Là, Yveke aurait pu faire des cumulets dans son bureau du 16, lancer des confettis, faire La Chenille qui redémarre avec toute la Rue de la loi, mettre une main à Inge Vervotte et hurler : « Yesss ! Quitter ce pays de m... ! Enfin ! Tu rigoles que j'accepte, Angel ! J'aurais fait hôtesse d'accueil, si tu me l'avais proposé. Alors secrétaire général adjoint de l'OCDE, tu penses ! Tu me laisses quand même cinq secondes de courage politique pour faire comme si je réfléchissais ? (5 secondes) Ok, je viens quand ? Y'a un Thalys à quelle heure ? On fête ça où ? Au Fouquet's ? Au Crazy Horse ? »

Mais Yves Leterme est belge. Et quand on est belge, on fait dans la sobriété. Dans le retenu. L'intériorité. Surtout lui. Quand on a son palmarès de démissions et de bévues, on ne fait pas son fanfaron. On prend gentiment ce job de chef-comptable adjoint, on dit merci au Monsieur Gurria de l'OCDE et on fait du commentaire bien plan-plan : « Belle opportunité gnagnagna, honneur pour la Belgique gnagnagna, virage personnel et ressourcement gnagnagna… » Deux ou trois voix s'élèvent bien pour dénoncer le timing choisi, et voilà, c'est déjà oublié! Question d'habitude : annoncer qu'il prend la tangente en plein patatras institutionnel et financier, c'est tout lui ça. Le démissionnaire en série invente le concept de « démission dans un gouvernement déjà démissionnaire », et tout le monde s'en contre-chtouille, au fond. Même que ça soulage.

Il faut dire, Yveke, que tu l'as un peu cherchée, cette indifférence. Passons sur ta Brabançonne-Marseillaise ou tes francophones intellectuellement limités (quoique). Mais la Belgique, c'était quoi, avant toi ? Un petit pays plutôt cool. Puis tu deviens chef du CD&V. Et toi, le Paganini de la boulette politique, tu nous fais quoi pour redevenir le premier parti de Flandre ? Un cartel avec la N-VA ! Le bon vieux CVP copain-copain avec des séparatistes ! Résultat, quatre ans plus tard ? Une Belgique en couille : pas de gouvernement, plus de patron de la Justice (Londers), plus de chef de la police (Koekelberg), un CD&V en charpie décampé par tous ses cadors plus ou moins raisonnables (Van Rompuy, Vervotte, bientôt Vanackere) et laissé aux mains d'excités genre Kris Peeters ou Van Rompuy Junior. Et, bien sûr, ton chef-d'œuvre absolu : une N-VA à 30-40 %, qui trouve très normal de défiler bras dessus-bras dessous avec les fachos hurleurs du Vlaams Belang dans les rues de Linkebeek. Au revouaaaar, Yves ! Et bien le bonjour à M'sieur Gurria…

Le pouvoir des fleurs

Le problème, avec les amis, c'est qu'ils veulent trop bien faire. Prenez Sarkozy. En 2007, il promettait « une République irréprochable ». Et donc : nettoyage de racaille au Kärcher et cadeaux fiscaux pour rapatrier les riches copains fraudeurs décampés en Suisse. Sinon, à part ça, diminution du nombre d'enseignants ou de policiers de proximité (et de tous ces fonctionnaires qui pompent inutilement les caisses de l'irréprochable République). Résultat : banlieues enflammées, Français dans la rue et « casse-toi, pauv'con » quand ça rouscaille. Mais, malgré tout, on sent que Nico veut bien faire. D'ailleurs, il marie une impeccable mannequin-chanteuse rauque italienne. Donc voilà, tout va bien en Sarkozie. Jusqu'à ce que les amis trop zélés s'en mêlent. En général, ces amis sont devenus ministres. Mais pas que : il y a aussi des amis industriels qui ont un yacht ou des amis procureurs ou des amis serviteurs de l'ombre. Pour faire plaisir à Little Big Man, certains amis tentent d'abord de pousser fiston Jean, 23 ans et pas un diplôme, à la tête d'un énorme machin-chose public parisien (l'EPAD) : première grosse affaire à Sarkoland. Mais attention ! Papa Président n'y était pour rien. C'était la faute aux amis zélés. Le problème, avec les amis de Papa, c'est qu'ils ont mal compris le sens du qualificatif « irréprochable ». Ils ont cru que la République devait être propre sur elle, chicos façon Neuilly-Courchevel. Or le grand chic, ça coûte de l'argent. Donc l'ami Eric Woerth est allé voir Mamy L'Oréal qui n'a plus toute sa tête pour lui soutirer quelques millions de pépettes destinés aux bonnes œuvres de l'UMP. D'autres amis ont ramené des sacoches d'argent venues d'on ne sait où. Vu que ça commençait à se savoir, un ami procureur a fait des écoutes téléphoniques sur des journalistes (la presse qui enquête, ce n'est pas chic). Le grand ami Hortefeux, pour la bonne bouche, a aussi lâché quelques propos racistes qui nettoyent la crasse. Mais attention ! Nico l'Irréprochable n'y était pour rien, dans tout ça ! La preuve, c'est qu'il a l'immunité présidentielle.

N'empêche qu'avec des amis ministres et un ami procureur inculpés, des brouettes de démissions et d'amis devenus ennemis, des affaires en charrettes, un Sénat basculé à gauche, un Front national au top et un président à 70 % d'opinions défavorables, c'est tout de suite moins chic. Même qu'à sept mois d'une (ré) élection, ça schlingue l'andouillette faisandée. Heureusement pour l'Irréprochable que la chanteuse rauque a pris les choses en mains : « T'inquiète, Mamour, je vais t'arranger ça en donnant une belle interview à une copine. C'est moi qui ferai les questions. Tu sais, un peu comme DSK chez Claire Chazal. Et alors je dirai un truc à tomber raide dingue de toi. Genre qu'un jour t'as sauvé un poisson de la noyade ou je sais pas. Et grâce à moi, tu seras réélu ! » Carla chérie donne donc une interview à la BBC, avec Christine Ockrent dans le rôle de la passeuse de plats préparés. Et comment l'Irréprochable a-t-il bien pu vous séduire, demande-t-elle ? La Rauque : « On marchait dans les jardins de l'Élysée, et il m'expliquait tout sur les tulipes et les roses. Je me disais : mon Dieu, il faut que j'épouse cet homme ! Il connaît les appellations latines des fleurs. C'est incroyable ! » Et incroyablement compliqué : pour tulipe, c'est tulipa et pour rose, c'est rosa. Il est fort, ce Sarko.

La honteuse

Ça ne va pas, Bart? T'as mal au cœur? Respire un coup, ça va passer. Parce que tu l'as quand même eu, ton joujou extra, ta raison de vivre: BHV is gesplitst, proficiaat! On est d'accord: tu es loin de l'épuration ethnique souhaitée. Tu voulais une Flandre avec rien que des Flamands et pas une tête francophone qui dépasse. Tu espérais nous piquer Bruxelles et rayer la Wallonie du monde, comme sur les cartes de l'Office du Tourisme flamand. Et là, avec ces turbo-lopettes CD&V-VLD-SP.A-Groen qui ont négocié comme des manches avec Elio, t'as l'impression d'être roulé dans la semoule comme un Poulycroc. Les communes à facilités sont encore plus bruxelloises et le truc qui te fait super mal à ton méga-pépette, ce sont ces magistrats francophones qui viendront juger les habitants francophones de Halle-Vilvorde. C'est un peu comme une pollution: ça salit la Flandre. Et donc tu fais ta tête. Si, si, Bart, t'es qu'un mauvais perdant! On l'a bien vu quand tu as dit que «si Di Rupo forme un gouvernement sans majorité flamande, je ne m'adresserai pas à lui en tant que Premier ministre». Je n'aime pas quand tu fais ton reugneugneu. Donc il est peut-être utile de te réexpliquer le truc. Le 13 juin 2010 (comme le temps passe!), c'étaient les élections «fédérales». Pas les élections flamandes ni les élections de Dixmude ni l'élection de Miss Poelkapelle. Non: les élections fé-dé-ra-les. Or quand on joue à élections fédérales, le but est de former un gouvernement fé-dé-ral. Et le patron du gouvernement fédéral, on l'appelle «Premier ministre». Pas Grand Vizir ou Chef de la Patrouille des Castors. Non: Premier ministre. Maintenant, connaissant Elio, si tu veux l'appeler M'sieur Rupo ou même André-Philibert ou Wallonman, je pense qu'il n'en a rien à caquer les mouettes. Surtout venant de toi.

Donc tu saisis, Bartje ? T'étais pas obligé de jouer à élections fédérales. T'as voulu jouer, t'as gagné au début, puis finalement t'as perdu. Ce n'est pas pour ça qu'on doit changer les règles. C'est comme au foot : elles sont les mêmes pour tout le monde. Imaginons que tu maigrisses d'une bonne quarantaine de kilos et donc que tu puisses jouer avec les vétérans du FC Kakebroek. Eh bien, tu t'apercevras que le foot ça se joue avec les pieds. Si tu prends le ballon avec tes mains pleines de doigts, ce sera faute. Si tu le refais une deuxième fois exprès, l'arbitre te donnera un carton rouge et tu ne pourras plus jouer. C'est un peu ce qui t'es arrivé à élections fédérales : t'as joué avec les mains, donc t'es devenu le vilain. Et alors, dis, ce n'est pas une raison pour te transformer en hooligan ! Oui, oui, Bart, je t'ai entendu sur l'accord du BHV judiciaire : « Et pourquoi pas des magistrats turcs à Gand ou marocains à Borgerhout ? » Derrière tes airs de démocrate, j'ai toujours dit que t'étais une sorte de honteuse du Vlaams Belang. Ça se voit tout de suite. Quand t'es énervé, d'abord tu deviens impoli : « Qui parle dans mon dos parle à mon cul. » Après, tu deviens agressif : les Wallons « junkies », tu te souviens ? Puis tu envoies tes sous-chefs de la N-VA défiler à Linkebeek avec les fachos du VB et du TAK. Et enfin tu nous la joues épouvantail turco-arabe. Comme si tu avais un réflexe bien xéno quand même. Dis-moi que je me trompe : tu n'es pas un biesse populiste d'extrême droite, des fois ?

Un honnête homme

Le choix des mots est souvent important, dans la vie. Au sein des grandes entreprises, on ne dit plus « salaire » et « bonus » pour les pactoles que s'octroient leurs dirigeants. On dit « rémunération fixe » et « rémunération variable ». C'est plus élégant. Par exemple, Pierre Mariani, le patron envoyé fin 2008 par son ami Sarko à la tête de Dexia, n'a pas touché un « salaire » et un « bonus » cumulés de 2 millions par an, mais des « rémunérations fixes et variables » de 2 millions d'euros. Ça passe tout de suite mieux. Comme ses « frais de séjour » à 545 € la nuit dans la suite d'un Hôtel***** bruxellois (pendant trois ans !). De même, pour les menues dringuelles accordées aux membres des conseils d'administration, on parle de « compensations ». Parce que « jetons de présence », c'est un peu scolaire : tu viens avec ta mallette, tu fais ton intéressé et tu reçois des bons points (qui valent chacun quelques milliers d'euros). Tandis que « compensations », c'est plus classe : ça fait récompense octroyée en échange du sacrifice de ta personne. Jean-Luc Dehaene s'est énormément sacrifié, ces dernières années. Quand il s'agit de « compenser », le brillant homme sait d'ailleurs tout faire. C'est normal, puisqu'il fut notre Premier ministre, de 1992 à 1999. De bien belles années : celles de l'affaire Dutroux ou du scandale de la dioxine. Fort de ces riches expériences, Bibendum s'est donc transformé en « compensateur » d'à peu près tout ce qu'on veut, offrant son sacrifice aux conseils d'administration de cinq sociétés cotées en bourse : il compensait en chipoteries bancaires (Dexia : 88 000 €/an), il compense toujours en spéculoos (Lotus : 22 000 €/an), en Jupiler (AB Inbev : 84 000 €/an), en médicaments (Thrombogenics : 28.000 €/an) et en métaux précieux (Umicore : 40 000 €/an). Tous ces talents de

« compensateur » réunis en un seul cerveau, ça force l'admiration. Donc total : 262 000 « euros-compensations » par an pour ces à-côtés d'administrateur de grandes sociétés.

Oui, parce que « compensateur » n'est pas son principal job, à Jean-Luc. Depuis 2004, son vrai métier, c'est député européen. Et là aussi, son talent force le respect. Privilégiant la qualité à la quantité, notre ex-Premier peut se permettre d'être le moins présent des 751 euro-députés. Et quand il lui arrive de pousser la porte du Parlement de l'UE, il n'a pas besoin de participer aux débats pour briller : jamais une proposition, jamais une intervention. En séance plénière, Jean-Luc développe un autre de ses talents : il dort (pour un salaire annuel de 134 000 €). Evidemment, l'homme n'est pas infaillible. Comme les petits pépins arrivent à tout le monde, même aux plus doués, Dexia est sur sa caisse (dont coût : 7 milliards pour le contribuable belge). Mais Jean-Luc Dehaene est un honnête homme. D'abord, il a (été?) démissionné de son passe-temps de président du conseil d'administration. Ensuite, de son plein gré, il a remboursé ses « compensations » perçues en 2011 (en conservant celles de 2009 et 2010, quand même). N'empêche que sans ces 88 000 euros de Dexia, ça ne lui fera plus que 174 000 « euro-compensations » + 134 000 euros de sieste euro-parlementaire, donc 308 000 patates par an. Soit un terrible manque à gagner de 22 % ! On ne le nommerait pas au conseil d'administration d'Arcelor-Mittal, pour compenser ?

Kevin, séminariste screené

Est-ce l'âge ? Ou alors un coup de mou dû à l'hiver qui s'installe ? En tout cas, Monseigneur Léonard était en petite forme, je trouve, pour sa polémique mensuelle d'octobre (j'y reviens). En septembre, en revanche, c'était tout bon ! Pour ceux qui ont manqué ce 77e épisode de la saga « Léo fait son malin », Monseigneur veut désormais soumettre les jeunes séminaristes à un « screening » qui empêchera les candidats-prêtres pédophiles de rejoindre l'Eglise. Les futurs curés subiront un suivi psychologique très collé-serré. – *Bonjour Kevin ! Alors comme ça, tu veux devenir prêtre ? C'est bien. Mais dis-moi : les kikis des petits garçons ou les zézettes des petites filles, ça te fait quoi ?* Ah ben justement, je suis complètement pédo ! C'est même pour ça que je viens au séminaire. Parce qu'avec votre screening, là, c'est top. Comme vous êtes devenus assez experts sur le coup (ha-ha ! humour !), vous allez facilement me repérer, puis me virer du séminaire et comme ça tout le monde saura que je suis pédophile. Donc, les mamans de mon village planqueront leurs petits. On fait comment pour le screening ? Je baisse mon pantalon en velours côtelé, vous me montrez des photos de gamins et on voit comment la bête se comporte ? Ou alors on va carrément sur des sites pédo ? J'en ai plein mon iPhone, si ça peut aider.

Donc ce sera très efficace. Parce que les pédophiles ont généralement le bon goût d'afficher leur déviance au grand jour et de ne surtout pas dissimuler. Et si en cas, par le plus grand des hasards, Kevin le séminariste s'était montré cachottier ? No soucaï ! Il n'échappera pas à la sagacité de l'Eglise, qui dispose d'une arme fatale anti-pédophile : le célibat des prêtres. Après sept longues années de séminaire, Kevin, fraîchement diplômé, est félicité par Monseigneur. – *Bravo, dis, Kev' ! Tu es des nôtres, maintenant ! Et sinon, question mauvaises pensées, t'en es où ?* Ben ça va bof-bof. Au début ça allait. Mais là, comme ça me fait quand même sept ans sans toucher une bibiche, je deviens dingue ! Du coup, question pulsions, il m'arrive de penser à me rabattre sur ce que j'aurai facilement sous la main au catéchisme ou au camp louveteaux : les mômes. Mais dites, Monseigneur, sauf votre respect, est-ce que vous ne trouvez pas que l'Eglise catholique fabrique ses propres pédophiles ? – *Pas du tout, Kévin ! Quand tu seras dans ta paroisse de Floriffoux, tu résisteras à la tentation pendant encore une bonne cinquantaine d'années, un point c'est tout ! Et attention !, Dieu te surveille, de tout là-haut…*

Donc c'était bien, Léo, ce « screening » de septembre. Mais alors, en octobre, les personnes divorcées qui ne peuvent pas être profs de religion ou directeurs d'écoles catholiques, c'était d'un mou ! Et c'était imprécis, aussi. Imagine qu'un type qui est déjà prof de religion se mette à divorcer, tu fais quoi ? Tu le mutes prof de gym ? Et la directrice du Collège Saint-Guidon, si elle divorce, elle devient femme d'ouvrage de l'école ? Pour ta polémique de novembre, tu devrais te secouer. En plus, c'est la Toussaint ! Donc je sais pas, profites-en pour en remettre une couche sur les profs divorcés. Fous-les au chômage pour faute grave ! Et remplace-les par des séminaristes « screenés »…

Il y a euro et euro

Il faut reconnaître ses erreurs. Ça grandit l'homme. Donc mea culpa : je me suis trompé. Gros crétin, je pensais qu'un euro, ça valait bêtement un euro. Pour tout le monde. Erreur ! Et donc un grand merci à Charles Michel d'avoir fait preuve de pédagogie à l'occasion du débat sur l'impôt sur la fortune, que certains veulent instaurer chez nous, question que les turbo-thunés contribuent plus justement à l'effort de crise. Pour commencer, Charly nous a rassurés sur ses intentions : « Je n'ai aucun tabou idéologique. » Quand ça commence comme ça, normalement, il y a toujours un « mais » juste derrière. Comme par exemple quand Mononc' Roger, au bout de son cinquième Orval, se lance dans une discussion humaniste : « Je ne suis pas raciste, MAIS… les Congolais gnagnagna et les Marocains n'en parlons pas ! » Ici, comme il s'agit quand même du brillant Charles Michel, ayons confiance en ce garçon qui n'a « aucun tabou idéologique, MAIS… » pour qui l'impôt sur la fortune « ne résiste pas 30 secondes à l'analyse ». Ça sert à rien. Prenons Gérard Van Broebel, qui dispose de 5 millions sur son compte épargne (+ quelques biens immobiliers). Vous lui mettez une taxe sur la fortune, disons de 1 %, soit une contribution de 50 000 €. Restent donc 4 950 000 €, que M'sieur Van Broebel placera gentiment à du 4 %, ce qui lui fera encore 5 148 000 € à la fin de l'année. Eh bien ça, « ça ne résiste pas 30 secondes à l'analyse », pour le brillant Charly. Ça ne marche pas. En revanche, sucer un millier d'euros de plus au budget ménager annuel d'une instit' divorcée qui gagne 1 600 € par mois et qui vit avec sa fille dans un 60 m^2 à 700 euros hors charges (dont le propriétaire est Monsieur Van Broebel), ça oui, ça marche super bien pour combler les trous budgétaires de l'Etat. Pour une simple raison : il y a euro et euro.

D'un côté vous avez le vrai euro, celui du biesse citoyen. De l'autre, vous avez l'euro du méga-blindé, qui ne fonctionne que pour acheter plein de trucs, mais pas pour la justice fiscale. Pour ça, plus t'en as, moins ça vaut. Donc autant ne pas les demander aux riches. C'est pour ça qu'on permet à Lakshmi Mittal (4ème fortune mondiale : 45 milliards de $) de ne verser que 496 euros d'impôts par an en Belgique. C'est parce que les euros-Mittal, ce ne sont pas des vrais bons euros (de pauvres). Ça vaut que dalle. Tandis que les euros-Josette, qui vit avec 1 000 euros de pension, ça oui, ça vaut. Et puis attention, souligne Melchior Wathelet (autre pédagogue), si la Belgique instaure une taxe des méga-friqués, c'est dangereux. Parce que ces gens-là, Monsieur, quand tu leur dis des mots comme « solidarité » ou « contribution proportionnelle » (même si ça ne change rien à leur train de vie), ils les prennent comme des gros mots. Alors ils sont très fâchés. Et donc Charly et Melchior, ils disent que les pétés de millions fâchés vont fuir à l'étranger (avec leur capital). Ce serait embêtant. Sauf que la fuite des capitaux, c'est faux. En France, moins d'1 % des SDF (Sans difficultés financières) soumis à l'ISF (Impôt de solidarité sur la fortune) ont pris la poudre d'escampette. Et dans un pays communiste comme la Suisse, personne n'a constaté d'exode massif d'Helvètes dû à la taxe sur la fortune. Et puis, peut-être pourrait-on les empêcher de fuiter, les capitaux. Quand on veut, on peut, hein Charly ? Surtout quand n'a pas de tabou idéologique…

Quand on y pense...

J'ai fait un rêve. On était en juin 2012. Un homme politique grec bidouilleur de chiffres (au choix, le panel est large) dirigeait toujours son pays. DSK était devenu président français. Et Berlusconi racontait une bonne grosse blague salasse à son gouvernement, la main posée sur la cuisse d'une ex-télé-bimbo devenue ministre (au choix, le cheptel est large). Un mauvais rêve? Pas sûr. Parce que, quand on y pense, ça aurait pu. Démocratiquement, ça aurait même dû. En Grèce, le peuple souverain n'a pas éjecté Papandréou (ou un autre tripoteur de chiffres). Et les citoyens italiens n'ont pas expulsé Berlusconi en bonne et due forme, c'est-à-dire via les urnes. Le boulot a été réalisé par une fine équipe de nettoyeurs essentiellement composée du FMI, de l'Union européenne et de la Banque centrale européenne, soutenue par son gros sponsor du moment: les marchés financiers. Au dernier G20, je vous résume la teneur des propos tenus par l'équipe de nettoyage: «Alors voilà comment on va faire, les deux guignols: ou bien vous dégagez de votre plein gré par une jolie démission, ou alors vous vous brossez pour recevoir les milliards de boules qui vous éviteront la faillite. Vu?»

Et quand on y pense encore, pas plus tard qu'il y a six mois, c'était du tout cuit, en France: DSK allait être président de la République, bouffant Sarko the fingers in the nose. Tout profit pour Dodo la Saumure, qui allait exploser son chiffre d'affaires de proxo en fournissant à l'Elysée des camionnettes de péripatéticiennes, ceci afin que Dodo la Tringlure puisse assumer ses hautes fonctions dans de bonnes dispositions mentales. Devenue première dame, Anne Sinclair (dite Nananne la Banqueuse) aurait continué de fermer les yeux sur les besoins vitaux de son chéri, ravie que le grand homme tâte d'autres chairs pour se sentir d'attaque afin d'accomplir son énorme destin. Démocratiquement, ça aurait pu.

A propos de rêve, le Cavaliere prétendait dès dimanche (lendemain de sa démission un rien forcée, donc) qu'il était déjà « prêt à reprendre le chemin du gouvernement ». Comme je ne suis pas certain qu'il s'agissait d'un trait d'humour, Silvio, tu serais gentil de bien vouloir brancher ton sonotone. Parce que j'ai un truc important à te dire… Les milliers d'Italiens qui étaient dans les rues samedi soir n'étaient pas là pour te dire : t'es trop drôle, t'es beau comme un dieu, t'es milliardaire, t'as une quéquette en titane, donc reste notre chef, on t'aime trop ! C'était le contraire, Silvio : ces gens faisaient la fête parce que tu te casses. Les Italiens ont enfin compris qu'ils étaient dirigés par un tocard pathétique : toi. Tu saisis, Silvio ? Donc tu prends ta gomina et ton botox, tu retournes faire de la télé crétine sur tes chaînes à paillettes, ou alors tu rentres dans une de tes bicoques pour jouer bunga-bunga avec des fausses blondes rémunérées. Et tu laisses faire les grandes personnes qui ont un cerveau en bon état, maintenant. Oui, j'oubliais de vous dire : dans mon rêve, il y avait aussi Bart De Wever. Il était notre Premier ministre. Démocratiquement, ça aussi, ça aurait pu…

C'est cela, oui...

Dans la vie, mes Louloutes, il faut parfois causer politique. C'est bon pour votre éducation citoyenne. Commençons donc par l'Italie. Vous le savez: Berlu a été puni. Et Mario Monti, un garçon un peu moins fun, a monté un gouvernement d'union nationale. – *Louloute 2: ouais je sais!, «union nationale» c'est quand tous les partis se mettent ensemble!* C'est cela, oui... Sauf qu'ici, les ministres n'ont pas été élus par les Italiens. Ce sont des «techniciens» des finances et des «experts» économiques. – *Qui représentent quoi, niveau démocratie et tout ça?* Rien du tout. – *Et ils devront rendre des comptes à qui, alors?* A personne. Enfin si: à Wall Street, à Moody's, à Standard & Poor's, aux marchés financiers... Les marchés, si tu veux, ce sont des gens assez chochottes qui, pour pouvoir boursicoter et spéculer cool, aiment bien qu'on leur «restaure la confiance». – *Louloute 1: tu parles des mêmes marchés qui ont joué à subprimes ou à edge-fund, et qui nous ont pété une crise de la mort qui tue la honte, en mettant l'économie sur son cul?* Tu peux rester polie, mais c'est cela, oui... Les mêmes. – *Dis-moi si je me viande, Pa: on a donc eu un grrrand homme d'affaires italien qui a tellement bien géré sa S.A. Italie que la dette publique a triplé en dix ans, tout ça pendant que ses potes des marchés faisaient exploser les banques. Et là, maintenant, on prend des technos et des experts «du marché» fabriqués dans le même moule pour réparer la casse de Tonton Silvio et tout décider à la place d'Italiens qui ne les ont pas élus?* C'est cela, oui...

Passons à la Grèce. Là aussi, il y a un nouveau gouvernement d'union nationale. – *Louloute 2: avec Les Experts, comme en*

Italie? Ah non, là, ils ont pris tous les politiques, même ceux de l'extrême droite. – *Louloute 1 : dis-moi si je me vautre, Pa. Mais la Grèce est bien dans l'Union européenne, continent des droits de l'homme, qui prône le respect de l'autre, la tolérance et tout le toutim? Et là, dans ce pays européen qui a connu la dictature des Colonels jusqu'en 1974, ils nous ressortent leurs crétins de fachos?* Tu peux rester polie, mais c'est cela, oui…

Bon, pour finir, la Belgique ! Et ça c'est chouette : normalement, on va avoir un gouvernement ! Z'êtes contentes ? – *Louloute 2 : méga-comblée! Et je présume qu'on fait dans l'union nationale, nous aussi?* Non, ce sera une coalition. – *Je sais! C'est quand les partis qui ont gagné les élections se mettent ensemble parce qu'ils sont soutenus par le peuple!* C'est cela, oui… Sauf qu'ici, un seul des six partis a gagné : le PS, avec 6 sièges de plus. Les autres ont perdu. Parfois pas beaucoup, comme le CDH (-1) et le SP.A (-1). Mais les trois autres se sont pris des tripotées : -5 sièges au MR, -5 au VLD et -7 au CD&V ! – *Louloute 2 : et la famille écolo, elle avait pas un peu gagné?* Si, un siège. Mais les trois gros perdants n'en voulaient pas. Alors c'est normal, les Verts iront dans l'opposition. – *Louloute 1 : dis, Pa… Aux élections de 2014, j'aurai 18 ans. Tu crois vraiment que ça vaut le coup que j'aille voter?* Mais oui ! Tu sais la chance que tu as ? Tu vis dans une démocratie, où le peuple est souverain ! – *C'est cela, oui…*

Standard & Poor's & Elio 1

C'est d'un pratique, ces agences de notation ! Vous avez un pays qui est dans le méga-popo, sans gouvernement depuis 531 jours et sans budget pour 2012 ? Fastoche : Standard & Poor's dégrade sa notation, et hop !, c'est réglé. Donc moi je dis : ces marchés financiers qui décident de tout, ça c'est de la gouvernance ! D'ailleurs, pourquoi ne pas continuer d'utiliser ce bel outil démocratique ? Elio va devoir diriger une coalition faite de bric socialiste et de broc ultra-libéral. On voit ça d'ici : ça va chipoter des plombes pour décider du taux de sucre dans le Chokotoff ou de la dimension idéale du nain de jardin campinois. Dans un souci d'efficacité, je préconise donc l'installation d'une succursale Standard & Poor's au 17, rue de la Loi. Pour faire passer un truc, il suffira donc à Elio de traverser la rue et d'aller demander une bonne petite menace de dégradation. J'entends vos objections : hé là, vu que ces financiers sont aussi doués pour le social que Jean-Luc Dehaene pour la gestion bancaire, ça va nous faire une politique d'ultra-droite, ça ! Pas du tout. Rappelez-vous 2008. Les agences de notations n'avaient rien vu venir : subprimes, edge-funds pouraves et autres bidouillages, tout était cool dans les banques. Donc ou bien leurs experts étaient très cons, ou bien il y avait autre chose. Bête question : qui payait les agences ? Bête réponse : les banques ! Et comme dit ma Tante Josette, tu ne craches pas dans la marmite qui te nourrit. Donc total, c'est simple : si tu payes les agences de notation, elles te content fleurette.

Elio peut donc gaiement traverser la Rue de la Loi : « B'jour Monsieur Standard & Poor's ! Oui, c'est Elio, votre voisin d'en face, au 16. Bon alors, vu que je suis un peu ric-rac sur mes 11 milliards d'économies, j'aimerais quand même bien taxer les grosses bagnoles de société et mettre un impôt sur les méga-fortunes. Mais Alexander, y veut pas. Et Charly P'Tit Louis me les casse avec son Walter le Libraire qui veut rouler en C5 pour aller de sa maison à son magasin. Donc combien vous prenez pour me faire une menace de dégradation de la note de la Belgique si on ne taxe pas les gros cubes de société avec aussi un impôt pour méga-thunés ? 50 000, ça ira ? Vous dites ? 70 000 et deux entrées à Walibi ? Gourmand, va ! Allez, tope-là! Mais attention, vous ne dégradez pas pour du vrai, hein ! C'est juste pour que les Bleus fassent dans leur froc. » Elio retraverse donc gaiement la rue de la Loi et convoque un kern : z'avez vu, la Bleusaille ? A cause de vous, on va encore être dégradé ! – *Ouïe-ouïe, dis, Elio ! Finalement, c'est vrai qu'à la réflexion, ta taxe sur les C5 et ton impôt sur les pétés de thunes, c'est pas si con…* Dans quelques mois, étant donné les excellentes relations de travail établies au sein du gouvernement Standard & Poor's & Elio 1, le Premier ministre va même pouvoir réemprunter pas cher : « Salut, M'sieur S&P, c'est encore moi. Dis, faudrait me refaire grimper la notation de la Belgique de AA à AAAAA+++++, avec un taux d'emprunt genre à 0,01 %. Je sais, je sais, c'est plus cher ! Mais qu'est-ce tu dis de 500 000 patates avec un abonnement à Bobbejaanland et une bouffe avec Julie Taton ? Aaah, je vois que ton œil pétille ! Vendu ? » Vendu.

L'HOMME QUI CONNAÎT LES FEMMES...

Vous avez par exemple « aigriculteur » : agriculteur découragé. Ou « Bête seller » : navet qui bat des records de vente. Ou « se faire électroniquer » : se faire avoir par les nouvelles technologies. Mais le néologisme de l'année, celui qui a remporté le Festival du Mot Nouveau à Paris, c'est « attachiant » : difficile à vivre mais attachant. Un peu comme Laurent, si on veut. Et le contraire de Philippe, qui ne fait rien de mal (qui ne fait rien du tout, d'ailleurs) mais qu'on n'aime pas. Tandis que Lolo, qu'est-ce qu'on l'aime ! C'est logique : il aligne consciencieusement les sottises depuis une quarantaine d'années. Et donc merci au magazine Questions à la Une d'avoir souligné à quel point ce garçon est attachiant. En nous rappelant d'abord ce qui fait déjà sa légende : l'ado instable, l'écolier médiocre, le fugueur colérique, le chauffard multirécidiviste... Son côté miraculeux, aussi : Laurent sera haut gradé de la Marine en ayant le mal de mer et plongeur d'élite sans savoir nager... Fort. Il sera même expert-président d'un bidule simili-environnemental (l'IRGT), ceci sans aucune formation mais avec un salaire mensuel d'un millions d'ex-francs belges. Très fort. Et alors comment notre Lolo chéri arrive à se placer au-dessus des lois ! Trop fort. Ses détournements d'argent à la Marine ? Pas de poursuites. Ses délits de fuite ? Non plus. Ses fondations bidon et ses sociétés écolo-machin-truc qui tripotent dans l'immobilier ? Rien à redire. Et donc on l'aime, notre adorable prince margoulin qui se permet tout. Y compris de faire le diplomate d'occase à Kinshasa, si ça le chante. Un chouette prince rebelle, en somme ! Un Robin des Bois de Laeken, qui prend aux riches (les contribuables) pour donner au pauvre (lui). Et c'est normal : avec 25.500 euros nets par mois de dotation (+ une villa offerte), comment vivre un tant soi peu dignement ? C'est difficile. Alors à force d'être ric-rac, on en devient rapace. On refuse de payer ses restos. Et on reprend en douce les 10 euros qu'on a donnés au marchand de glace…

Ce qu'on découvre dans le reportage, en revanche, c'est cette grande expertise en matière de dames. Laurent connaît tout de l'espèce féminine. Les pin-up du showbiz, les damoiselles du gotha, mais aussi comment on les traite. Un savoir qu'il n'hésite d'ailleurs à partager. Pour ce faire, étant donné qu'il est également pilote d'hélico (si-si !), Lolo emploie une efficace comparaison didactique : « Un hélicoptère doit être aussi bien maintenu qu'une femme, parce que c'est aussi fragile qu'une femme… Et ça coûte à peu près le même prix. » Vous percevez le fin connaisseur ? Ce que sont les femmes : hors de prix. Comment elles doivent être : maintenues. Leur faiblesse : la fragilité. Pour ça, on peut lui faire confiance. Afin d'étayer ses propos, Lolo a voulu tester leur résistance physique en leur filant des torniolles, ce qui vaudra auxdites dames d'être hospitalisées. Déduction qu'on peut qualifier de scientifique : la femme est donc fragile. Donc tu vois, Philou ? Si tu veux qu'on t'aime, nous les Belges, tu dois être un peu plus zot. Je ne sais pas : roule à 230 en Ferrari, lance des boules puantes au Te Deum ou file quelques mandales par-ci par-là. Tu verras, ça te rendra attachiant. Comme Laurent.

Carolonellose ou berlusconite ?

Je veux bien que nous soyons en foufette avec notre nouveau gouvernement et notre Premier ministre wallon depuis l'homme de Spy. Mais il ne faudrait pas oublier qu'on en a plein d'autres, des gouvernements, qui eux aussi méritent notre intérêt. Et soyons honnêtes : pendant 545 jours, on n'en avait rien à bilouter, de nos gouvernements régionaux. Donc un grand merci à Jean-Claude Marcourt d'avoir revigoré notre attention. Au gouvernement wallon, Marcourt c'est du lourd. Ministre de l'Economie et de Plein de Trucs, c'est un gros bosseur. Seul souci : JCM n'aime pas du tout qu'un juge d'instruction embête ses amis du PS liégeois. Or vlà ti pas, qu'à Liège, Alain Mathot est inculpé pour des présumées chipoteries de commissions occultes à l'ancienne. Et que Stéphane Moreau (successeur-déboulonneur de Papa Daerden à Ans) est perquisitionné. Deux proches de Jean-Clôôde, qui plus est, fleurons du renouveau socialiste liégeois, ça fait mal au cœur. D'autant que le bel Alain allait peut-être devenir ministre papillon ou secrétaire d'Etat à la Promotion du Macramé. En mission économique au Chili avec notre prince ouvre-portes, JCM a donc réagi à l'inculpation de son camarade député-bourgmestre de S'raing. Comme ceci : « Il ne faut pas donner trop de pouvoir aux juges, car ils l'utilisent. »

J'ignore si c'est le surmenage ou l'émotion suscitée par la fréquentation assidue d'un grand homme comme Philou, mais fais attention, JiCé ! Tu développes des symptômes de

« carolonellose ». Cette maladie, apparue vers 2005 dans le bassin carolorégien, touchait principalement des échevins socialistes de Charleroi inculpés pour toutes sortes de bidouilleries. Eux aussi avaient des accès de fièvre anti-magistrature et anti-indépendance de la Justice. En gros : ouais bon, je tapais un peu dans la caisse communale, mais si on m'a inculpé c'est à cause que ces couillons de juges se la pètent avez leur pouvoir judiciaire de mes deux. Donc voilà, JiCé, vu que je ne voudrais pas que ça s'aggrave et vu que tu es quand même ministre d'un pays civilisé, il me faut te rappeler un machin essentiel : en démocratie, on demande justement aux juges de l'utiliser, leur pouvoir. Même contre les politiques, si en cas. C'est la « séparation des pouvoirs ». A l'inverse, un régime où le politique contrôle la Justice, on appelle ça une « dictature ». Attention, JiCé, je ne dis pas que tes amis sont coupables. On verra. Mais fais gaffe. Parce que, dans sa forme aiguë, la carolonellose se transforme en « berlusconite ». Et là, c'est irréversible. Tes nic-nacs s'emmêlent, tu penses que t'es au-dessus des lois, tu traites les juges de « cancer de la démocratie », tu te mets des implants capillaires, tu te fais tirer les peaux, tu fais des bunga-bunga avec des fifilles rémunérées, tu deviens la risée du monde libre et tu finis par te faire lourder sous les huées. Heureusement, au stade des premiers accès de carolonellose, la maladie se soigne encore facilement. Il suffit de dire publiquement qu'on a merdé. Qu'à cause du décalage horaire ou du stress, on a raconté des sottises. Evidemment, ça exige un petit effort sur son ego. Mais ce serait bête que ça vire en berlusconite. C'est jeune, 55 ans, pour une berlusconite.

Mister No : UN GARS QUI EN A

En mars, Bart De Wever était reçu par David Cameron à Downing Street. C'est ça, qu'on se disait : Babar se la pète déjà chef d'Etat de la Flandre ! On se trompait. En réalité, Bart faisait de la consultance sur le thème : comment devenir giga-populaire en quatrième vitesse ? C'est que, bien qu'il soit Premier ministre de Sa Majesté Madame Chapeau, David a du mal à imposer son allure de dandy petzouille au plus grand nombre. Alors il a fait appel à notre expert. – *What a success, Mister Di Wiver! Mais dites-moi, entre amis conservateurs, on se rend service, n'est-ce pas… Alors c'est quoi, votre secret ?* Ben écoute, Daveke, c'est tout con. Tu dois trouver un truc qui te permet de dire à tes Angliches : c'est la faute aux autres ! Tout ce qui vous enquiquine, c'est à cause des autres. La crise ? La faute aux autres ! Le chômage ? La faute aux autres ! Ta fille fume du hakik ? A cause des autres ! T'as un gros rhume ? La faute aux autres ! Le mieux c'est de te trouver un groupe bien identifiable qui fait limite un peu étranger et que tu traites de fucking profiteurs qui piquent le pognon des Britons. Moi, easy, j'avais les Wallons. Toi, tu ne peux pas dire que c'est la faute aux Ecossais ou aux Gallois, vu qu'ils parlent la même langue. Tu ne pourras pas raconter toutes sortes de carabistouilles sur eux : ça va trop se voir. Mais en Europe, tu as plein de pays qui parlent une autre langue que la tienne. Donc tu l'as, ton mauvais : l'Europe ! Les lopettes de Bruxelles ! Barroso popo ! Van Rompuy mon oeil ! Sarkozy p'tit zizi ! Beurk Merkel ! A bas l'Union européenne !

– Ouais, tout bon, Bartie ! En plus, l'Europe, on n'est déjà pas trop fans. Tu sais bien, nous autres, on pense qu'on fait tout mieux que tout le monde. Oui, je sais : nous aussi. Mais attention, Daveke ! Tu dois la jouer subtile. Si tu fais que gueuler sur l'Europe, ça fait extrême-droite. Tu dois faire celui qui participe au jeu démocratique, qui écoute les autres pays, qui fait son petit possible… Et puis, à un moment bien choisi, si possible en plein dans une grosse crise, pouf : tu dis non ! Ça va contre l'intérêt des Britanniques ! Et pour tes électeurs, tu deviens Mister No. Un gars qui en a. *– Et tu crois que je peux faire ça en plein Sommet de Bruxelles sur la crise de l'euro ? Quand tout le monde veut faire un nouveau traité européen avec une rigueur budgétaire et une régulation des marchés financiers européens ?* Evidemment que tu peux, Davideke ! Mais tu dois faire sentir à tes Britons que c'est la faute aux autres si t'es devenu Mister No. Donc à Bruxelles, tu dis que tu veux bien signer le nouveau traité, mais à une condition de dingo… *– Par exemple qu'il s'applique à tous les pays sauf à nous ? Et que les financiers de la City, à Londres, seront les seuls à pouvoir continuer de spéculer à leur aise ?* Voilà, Daveke, t'as pigé! Quelques gros malins, dans tes collègues ou dans la presse, vont dire que t'es fêlé et même que tu vas te faire lourder de l'Union européenne. Mais tu t'en tamponnes puisque tu vas cartonner dans les sondages ! Tiens, je te chiche que, juste après ton no à Bruxelles, 62 % des Britons te soutiendront et pas loin de 50 % diront vouloir quitter l'Union européenne. *– Tiens oui, ils l'ont dit ! T'es trop fort, Bartie…*

Ik ben Elio Di Rrrrupo

Puisque vous êtes impatients de découvrir ma personnalité n°1 en 2011, ne chipotons pas: Elio Di Rupo! Ça ne se discute même pas. Je ne sais pas si on se rend compte, mais Super Elio a sauvé le pays de l'éclatement pour les deux années à venir (jusqu'aux élections de 2014)! Et alors pardon, mais notre Premier ministre force le respect question néerlandais. Vous savez quoi? Il va finir par le devenir, bilingue. Pas là tout de suite. Mais disons qu'en bossant dur, ça devrait pouvoir le faire aux environs de 2072. En attendant, Elio, puis-je me permettre d'apporter ma modeste contribution à l'édification de ton parfait bilinguisme? Bien que n'étant pas linguiste émérite en langue flamoutche, je me permettrai juste une toute petite remarque de prononciation: même si la région a longtemps été sous domination espagnole, on ne roule pas les « r » en Flandre. Donc retiens bien, Elio, on ne dit pas: « Dag mevrrrrouw! Ik ben Elio Di Rrrrrrupo en ik ben ook uw Eerrrrste ministerrrrr. » Tous tes roulements de "rrrrrr", ça ne fait pas du tout Flandre profonde. Du côté de Borgerhout ou de Poelkapelle, ça fait juste péter de rire. Certes, le rire provoque l'adhésion. Mais tous nos amis flamoutches ne sont pas précisément des humoristes, quand il s'agit de leur langue. Chez certain(e)s, on soupçonnerait même un zeste de susceptibilité linguistique. Donc méfie-toi: avec tous ces "rrrrr" partout, certains pourraient croire que tu te moques. Par exemple, à ta place, j'éviterais d'aller faire mon malin à Grimbergen. Dans cette commune flamande accolée à Bruxelles (donc polluée par de grosses impuretés francophones), la bourgmestre Marleen Mertens (CD&V) a demandé à ses bons administrés néerlandophones de dénoncer les vils commerçants qui ne s'adressaient pas exclusivement à leurs clients dans la seule langue autorisée au sein de son petit Reich communal à elle : le néerlandais. Oui, Elio, un système officiel de délation. Comme en 40. Donc si tu prends la parole en flamand à Grimbergen avec tous tes “rrrrr”, un bon citoyen de Grimbergen pourrait croire que tu taquines sa langue. Et très mal le prendre. Et donc te dénoncer auprès de sa bourgmestre, qui enverra la milice et te fera déporter une douzaine d’années dans un camp de redressement linguistique. Ce serait bête.

Et alors, Elio, ne force quand même pas trop. Tout le monde a bien compris que tu faisais ton petit possible en néerlandais. Je sais bien que nous, les francophones, sommes extrêmement minoritaires en Belgique. Mais nous existons encore un peu. Donc tu as encore le droit de parler en français, parfois. Par exemple, l’autre jour quand tu es venu à Liège, ce n’était peut-être pas ultra-nécessaire de t’adresser à nous en flamoutch. En leur demandant gentiment, je pense que les Flamands seront d’accord que tu parles aux Liégeois en français. Et même si tu le fais sans leur autorisation, je te promets qu’on n’ira pas raccusepoter. De même, dimanche matin après la nouba de la Saint-Sylvestre, si tu vas chercher ton cougnou à la boulangerie « Perlin-Pain-Pain » à Bergen (Mons), tu n’es pas obligé de t’adresser à la boulangère comme ceci : « Mag ik een cougnou, Mevrrrrrouw ? Bedankt. Alleï, tot ziens en een Gelukkig Nieuwjaarrrrr ! » Si tu le fais en français, la Flandre ne t’en voudra pas.

BONUS
SUPER DISCOUNT

BONUS 1

Les affaires sont les affaires

NOVEMBRE 2008

Dave et Momo, duo comique

Rien de tel qu'un spectacle de grands humoristes pour dérider la crise. En première partie, je vous propose donc le vicomte Etienne Davignon. Dave (son nom de scène) nous avait déjà montré de belles dispositions comiques lorsqu'il chaperonna le dernier sketch de son ami le prince Laurent, intitulé : « L'art de faire passer du bidouillage immobilier pour du bénévolat écologique ». Mais là, avec la débâcle bancaire, son numéro de Monsieur Tout-Va-Bien était délicieux ! Quatre jours avant la quasi-faillite de Fortis, Dave nous la jouait agacée à la radio : « comment donc ça, Fortis en danger ??!! M'enfin, bande de nases ! Et gnagnagna Fortis a des liquidités en béton, et gnagnagna Fortis a une solvabilité en titane ! » Une semaine plus tard, Fortis se retrouve sur son pète et Dave revient à la RTBF, mais cette fois dans un numéro de Monsieur Tout-Et-Son-Contraire mâtiné de Monsieur Je-Sais-Tout, qu'il maîtrise encore mieux que Didier Reynders. Très réussi.

N'empêche que question drôlerie, le vicomte n'arrive pas à la cheville du nouveau Coluche belge de la haute finance : je vous demande d'applaudir le grand, l'inimitable baron Maurice Lippens ! Pour rigoler, Momo le Lippeux (son nom de scène) avait déjà rédigé le « code Lippens » de bonne gouvernance en entreprise. Trop comique. Même Jean-Claude Van Cauwenberghe – pourtant un garçon farce, lui aussi – n'a jamais osé rédiger le « code Van Cau » de bonne gouvernance publique. Mais son plus beau sketch, Momo l'a présenté le 9 septembre dernier lors d'un dîner-conférence au très huppé Cercle de Lorraine. Il expliquait à 200 fans en Hugo Boss pourquoi l'action Fortis se cassait la pipe. Attention, c'est à pisser : c'était la faute aux associations de consommateurs (qui critiquaient sa mégalomanie) et aux pouilleux de journalistes. A cause de nous, donc, Fortis « l'incomprise » devait affronter une « émulation dans la mauvaise nouvelle » et une « surenchère dans la méchanceté ». Un triomphe comique !

Mais comme tous les grands humoristes, Momo le Lippeux a parfois un coup de blues. Il faut dire que ses 920 000 actions Fortis en ont pris un coup, ces derniers temps. Et maintenant qu'il a été démissionné de Fortis et aussi de Belgacom, il ne lui reste plus que les conseils d'administration de GBL, de Finasucre, de Suez, de Tractebel et de Total pour rigoler un peu. C'est triste. Et donc Momo a dû aller se ressourcer à Knokke, la ville dont son grand frère Léopold est le bourgmestre. Le même qui interdit les frigo-box (et les pauvres qui vont avec) sur la chic plage du Zoute parce que ça fait trop Seraing-La Louvière. Le même qui estime que des éoliennes offshore installées à douze kilomètres au large de sa station, ça peut gâcher la vue de la vicomtesse de Machin-Pouêt quand elle prend le thé avec la baronne de Prout-Ma-Chère. Un gars bien, ce Léo. Il compte d'ailleurs rebaptiser certaines artères du Zoute du nom des grands comiques de l'économie belge : l'Avenue Maurice Lippens, la Rue Etienne Davignon, l'Impasse Jean-Paul Votron ou la Drève Albert Frère. Et qui sait, peut-être un jour, la Place Didier Bellens ? Un fort bel hommage.

JUIN 2009

TINTIN CHAMPION

Tintin champion, Tintin champion! Ça sent la bastringue de la rage, chez Moulinsart, la société qui gère l'héritage d'Hergé. Je vous le dis tout net: si ça continue comme ça, je les vois bien champions. Ah, parce que vous l'ignoriez? Nick et Fanny Rodwell, les deux bêtes de course de l'écurie Moulinsart, participent au Championnat du Monde des Casse-Bonbons. Le but, c'est de se foutre à dos le genre humain par une série d'actions d'éclat que t'as envie de leur prescrire une bonne paire de claques tous les matins avant le Ricoré. Le jury est composé du président de la Fédération Internationale des Casse-Bonbons: Maurice Lippens. Il est secondé par un comité de six experts, tous anciens champions du monde: Paris Hilton, René Vandereycken, Silvio Berlusconi, Jean-Claude Van Cauwenberghe, Christine Bravo et Donald Rumsfeld. C'est sponsorisé par Electrabel-Suez et les Vérandas Willems. Et alors mazette, ce qu'ils sont fortiches, nos héritiers «ayants droit» d'Hergé! Il faut dire que Nick et Fanny y participent depuis longtemps, à ce championnat des casse-burnes. Avec une technique un peu répétitive, il est vrai: l'obsession des pépètes. Et que je te fais des moches vêtements Tintin ou des statuettes Milou hors de prix uniquement pour les petzouilles. Et que je te fous un procès si tu publies un poil de moustache des Dupont-Dupond sans passer à la caisse... Le monde idéal, pour les Rodwell, ce serait un monde où si tu penses à Tintin ou à Milou, tu paies des cawettes.

Là, par exemple, je me demande si je ne me ruine pas à vous écrire « Tintin et Milou » comme ça, sans avoir payé des patates à Moulinsart. Bon, je pense que le « et », c'est gratuit. Restent donc onze lettres à un million d'euros chacune, mais avec un discount d'une lettre gratuite à l'achat de deux mots, ce qui nous fait 10 bâtons. C'est con, j'aurais dû écrire « Tûûût et Mûûût ». Dites, j'y pense : chez Vandemoortele, combien ils paient Moulinsart pour faire de l'huile de tournesol ? Enfin, cette fois, je le sens. Je vous parie mon porte-clés « I Love Philippe & Mathilde » que Nick et Fanny Picsou vont décrocher le titre. En coiffant in extremis José Happart, qui était en tête depuis plusieurs mois.

Quelle tactique, quelle stratégie ! D'abord, ils font diversion en créant un Musée Hergé à Louvain-la-Neuve sans subsides : pouf ! 15 millions sur la table. Donc nous, les vrais amateurs de la pratique du casse-couilles, on est déçus : bouh, trop gentils, nuls, lâcheurs ! Et c'est là qu'ils nous la jouent grandiose : ils invitent 200 journalistes juste avant l'inauguration. Mais pour filmer ou photographier Tintin, interdit ! Là, je dis : du tout grand art ! Détestation planétaire ! Champions intergalactique des Casse-Couilles ! Evidemment, le plus dur, quand on est champion, c'est de conserver son titre. Mais Nick et Fanny ont déjà quelques bonnes idées. Par exemple, au musée, ils envisagent de faire payer les gros deux fois, comme chez Ryanair. Et c'est Didier Donfut qui fait la ticketterie. Ils pensent aussi faire payer les toilettes, avec Anne-Marie Lizin dans le rôle de Madame Pipi. En alternance avec Carla Bruni, mais qui chante. Cette maîtrise de la perversité ! Vous savez quoi ? Je sens bien un deuxième titre consécutif.

BONUS 2

Bart, Joëlle, Didjé, Van Cau & les autres

MAI 2006

Giro di Wallonia

Le Tour d'Italie en Wallonie ? Allez, on disait que c'était comme la F1 : partout dans le monde, ça vous donne une image de Région qui gagne ! Que ce Giro fasse étape à Namur ? Normal : c'est noss' capitale. Idem pour Liège, Charleroi et Mons : c'est bourré d'anciens Italiens. Mais Perwez et Hotton ? Pourquoi pas Ramegnies-Chin et Butgenbach, par exemple ? Ca pourrait. Mais ces communes n'ont pas la flamboyance et la réputation internationale de Hotton et de Perwez ! Les coureurs et les organisateurs du Tour d'Italie voulaient absolument voir à quoi ressemblaient ces deux joyaux. Non, sérieux, pour les Italiens, Perwez et Hotton, c'est comme Florence ou Venise pour nous : des passages culturels obligés qu'on retrouve dans tous les guides touristiques. A Perwez, par exemple, il y a des rues remplies de tout plein de splendides maisons de caractère des années 60, avec leurs façades imitation briques jaunes et des châssis alu de toute beauté. A Hotton, les Italiens sont tombés sous le charme très romantique du parking de l'AD-Delhaize, avec son auvent en Plexiglas pour abriter les caddies, qui vous a un délicieux côté Ponte Vecchio. C'est bien simple : dans la Botte italienne, Hotton et Perwez sont tellement adulées que les Italiens sont super-fans de Philippe Courard et d'André Antoine, ministres PS et CDH de la Région wallonne et bourgmestres de ces deux communes.

Quand je pense que certains esprits torves viennent prétendre que c'est bientôt les élections communales et que, comme c'est la Région wallonne qui paie une partie du Giro wallon, les deux ministres-bourgmestres ont un tout petit peu orienté le choix des villes-étapes ! Je dis que c'est chercher la petite bête. D'ailleurs, le Plan Marshall de sauvetage de la Wallonie veut éradiquer les comportements sous-localistes d'antan. C'est dire si c'est devenu interdit. Ce Giro di Wallonia était tellement important pour la Région que José Happart a décidé de fermer le Parlement wallon lundi, pour que tous les ministres-bourgmestres et députés-bourgmestres puissent aller serrer des louches sur le parcours. Des travaux parlementaires importants devaient avoir lieu, notamment pour secouer les puces du Plan Marshall. Mais semble-t-il qu'on n'en est plus à quelques semaines près, question redressement de la Wallonie. Et puis, ça montre tout l'intérêt de nos politiques pour le sport.

Pas pour la pratique du sport pour tous. Non, ça, c'est ailleurs qu'en Wallonie. Chez nous, c'est plutôt organiser du sport pratiqué par les autres qu'on fait très bien : la F1, des étapes du Tour de France et du Giro. Je signale d'ailleurs que, lundi prochain, le café « La Fléchette Joyeuse » à Foufette-sous-Chèvremont organise son grand tournoi international de vogelpick. Ce serait pas mal que Monsieur Happart décrète un nouveau jour férié afin que tous nos élus wallons puissent aller soutenir cette autre très belle organisation sportive. La Belgique (avec les Pays-Bas) veut aussi organiser la Coupe du Monde 2018. Comme il y a match tous les jours, ça va leur faire un mois de congé non-stop. Heureusement, le Plan Marshall de redressement wallon sera mis en œuvre depuis longtemps, en 2018. Quoique.

JUILLET 2006

EXCÈS DE GALANTERIE

Cher Monsieur Van Cau,

Je vous écris cette supplique en tant que président-fondateur de « L'Autre USC » : l'Union des Scribouillards Couillus, que je viens de créer vu que j'éprouve, comme beaucoup de confrères journalistes mâles, un profond sentiment de discrimination sexiste. Déjà, il y a quelques semaines, vos militants équipaient certaines consœurs journalistes travaillant sur les affaires carolorégiennes du sobriquet de « salopes ». Un bel hommage, certes, mais qui provoqua une certaine frustration : et nous, les journalistes à quéquette, on compte pour du boudin blanc ? J'avais espéré que vous, président-guide-suprême-devenu-rénovateur-en-chef-autoproclamé de l'Union Socialiste Communale de Charleroi, montriez l'exemple à vos ouailles en rectifiant cette maladresse. Que vous adressiez donc également quelques louanges aux hommes de la profession. Or, qu'entends-je ? Il y a quelques jours, vous traitiez les journalistes enquêtant sur la Carolo ou l'ICDI de « pétasses ». Un substantif uniquement féminin, à nouveau ! D'où mon courroux.

Je sais que vous faites ça par galanterie. Mais nous sommes des dizaines de journalistes poilus à couvrir l'épais catalogue des scandales du PS carolo. Et pour nous, que dalle ! Pas une seule « raclure de bidet », pas même l'ombre d'un « étron galeux » à l'adresse de la gent journalistique masculine. Ce qui provoque des frustrations. Je tiens de source sûre que Jean-Claude Defossé se sent outragé parce que vous ne lui faites pas l'honneur de le traiter de « petite fiente ». François De Brigode et Laurent Haulotte, qui relaient tous les soirs depuis neuf mois les épisodes du soap opera « Du rififi en Carolingie », effleurent la dépression. Personne, en effet, au sein de la très haute hiérarchie socialiste carolorégienne, n'a la délicatesse de leur reconnaître un statut de « souillure d'égout ». Or, vous le savez bien que les vedettes de la télé ont leur petit ego ! Pensez aussi à ce pauvre Vrebos ou à Olivier Maroy, qui n'ont même pas été qualifiés de « crevure de binoche ». Et à tous ces reporters de la presse écrite qui ne bénéficient pas du moindre « petit connard de scribouillard »!

Je ne vous cache pas que je me sens également très vexé de ne pas avoir été affublé d'un « nigaud de ta mère » ou d'une « flétrissure faisandée » par vous-même ou ne fût-ce que par un simple Jean-Pierre De Clerq. En tant que président de « L'Autre USC », j'ai donc une demande particulière à vous soumettre : lors de votre prochaine réunion entre camarades, si vous pouviez me traiter publiquement de « bavure de fosse septique », j'en serais très honoré. Si vous préférez plus simplement « enc... de ta race », je n'en ferais pas une maladie. Mais attention ! Que ça ne vous empêche évidemment pas de continuer de louanger mes excellentes consœurs. Il ne faudrait pas que, sous prétexte de rectifier une injustice, vous omettiez de les traiter de « connasses purulentes » ou de « grosses taches vérolées ». La galanterie doit perdurer, vous en conviendrez.

MAI 2007

FRANCHEMENT ?

En politique, moi je dis que rien ne vaut la sincérité. Sinon, on ne dure pas. Joëlle Milquet est au summum de la politique belge depuis longtemps. Ca veut donc dire que c'est quelqu'un de très sincère. On l'a encore vu la semaine passée, avec le transfert d'Anne Delvaux. Dans La Libre Belgique, un journaliste lui pose cette question : Anne Delvaux est-elle un attrape-voix pour le CDH ? En toute sincérité, la réponse de Joëlle commençait par : « Franchement ? » Je fais une pose avant de vous donner la réponse complète de la présidente du cdH parce que ce « Franchement ? » de Joëlle est essentiel, question sincérité. D'abord, il laisse sous-entendre que, bien que très rare, il peut lui arriver, à Joëlle, de ne pas totalement exclure le recours à la carabistouille. A contrario, ici, ce « Franchement ? » implique que la réponse qui va suivre est d'une profonde et scrupuleuse honnêteté. Ce « Franchement ? » a aussi un côté très convivial. Allez, à vous je peux le dire. Puisqu'on est là à causer à la bonne franquette, fourt à la langue de bois politicienne ! Bref, Jojo nous fait comprendre que sa réponse sera du brut de fonderie de pure vérité vraie. Et donc je vous la refais en entier : Anne Delvaux est-elle un « attrape-voix » pour le CDH ? Joëlle : « Franchement? Non ! » Oui, je sais, ça fait rire tout seul.

Evidemment, je ne m'attendais pas à ce que Joëlle Milquet réponde : « Mais qué biesse question ! Qu'est-ce tu veux que ce soit d'autre? Ce n'est pas ça, on a des gens fort fort bien, au cdH. Le problème, c'est qu'à part moi, c'est un peu beaucoup le désert de Gobi, question méga-machines à voix. Josette Baugnée ou Jean-Gérard Malempré sur les listes, c'est sympatoche, mais on fait plus sexy question notoriété. Or là, avec Anne, je la mets deuxième sur ma liste du Sénat, je fais Tata Yoyo avec elle devant les caméras des JT et, poum ! 100 000 voix comme pour rire ! Attention ! Après, on lui expliquera notre programme, les priorités humanistes, tout ça. Ah ben oui ! Parce que c'est quand même important. » Joëlle Milquet ne pouvait évidemment pas tenir de tels propos. Ca n'aurait pas fait sérieux. Anne Delvaux n'est donc pas un attrape-voix. Et d'ailleurs, pour nous le prouver en toute sincérité, Jojo a assorti sa réponse d'une précision essentielle : « Il y a des femmes plus connues qu'on aurait pu solliciter. » Et c'est vrai : en Belgique, il y a plus connu qu'Anne Delvaux. Par exemple, Justine Henin, qui meurt d'envie d'être sur la liste CDH. Mais là, le souci, c'est qu'ils auraient dû déménager le Sénat à Monaco. Et ça, c'est compliqué. Il y a aussi Mathilde qui est très célèbre. Mais elle non plus, ça n'allait pas, question d'agenda. Elle est tout le temps trop occupée à partir dans le monde pour ses missions où elle découvre que les petits nenfants africains vivent dans une pauvreté qui est très moche et que les analphabètes ont moins de chance de réussir dans la vie. Jojo a donc dû se rabattre sur Anne Delvaux. Mais c'est bien quand même. Très franchement.

FÉVRIER 2009

Allons les Rouges !

Parlons un peu de choses sérieuses. Donc de Rudy Aernoudt. Vous prenez un Flamand vaguement politique et économiste, qui s'embête un peu dans la vie depuis qu'il a été viré d'à peu près partout avec de fort belles indemnités. Le garçon achète une maison de campagne en Wallonie. Pas à Ougrée ou à Marchienne-au-Pont. Lui, c'est plutôt le chic bord de Meuse namurois qui lui sied. Mais Rudy tourne en rond, dans sa vaste demeure. Que faire de mes journées?, se dit-il. J'aime pas le macramé, j'ai vu tous les Derrick et les puzzles ça m'emmerde. Et si je devenais politicien wallon, pour passer le temps ? Ouais, trop rigolo : le premier Flamand député wallon ! Ça tombe bien : chez les Wallons, y z'ont même pas de parti très con-con, comme Dedecker en Flandre. Le genre simpliste bien à droite de la droite. Bon allez, j'en crée un : LiDé ! Après, il me faut un truc marketing pour neuneus. Ah oui : je vais sauver la Wallonie à moi tout seul ! Excellent. Et puis il me faut un programme. Mais du pas compliqué, surtout ! Du qui tient sur un carton de bière.

Entre deux gorgées de Saint-Emilion grand cru, Rudy rédige donc ledit programme : je vais zigouiller ces profiteurs de chômeurs, atomiser ces glandeurs de fonctionnaires, d'ailleurs c'est tout de la faute aux syndicats et des socialistes, je vais descendre les impôts à 19 % et vive la Belgique unie ! Combien tout ça va coûter ? Ah mais, on s'en cale ! D'façon, c'est pas pour être appliqué. C'est juste pour aller trouver le MR : bon alors,

Didjé, si tu veux pas que je te grignote tes électeurs les plus cons-cons, tu me trouves illico une jolie place sur ta liste des élections, et comme ça je deviens député wallon. C'est facile, finalement, se dit Rudy, de devenir parlementaire MR. Même pas besoin d'être présentatrice à RTL ou footballeur…

D'ailleurs, moi aussi je veux devenir député wallon. Disons au PS, pour rigoler. Alors, Elio, autant te le dire tout de suite : si tu ne me mets pas en bonne place sur ta liste, je crée mon parti bien con-con, à la gauche de la gauche de ta gauche. J'ai déjà son nom : Allons les Rouges ! Oui, je sais, c'est porteur : tu vois le raz de marée à Liège ? J'ai également mon machin marketing : je vais niquer le capitalisme sauvage à moi tout seul ! Je viens aussi d'écrire mon programme sur un Post-it. D'abord, j'arrête et j'enferme tous les parachutés dorés pendant 200 jours dans une pièce avec José Happart. C'est horrible, mais ils l'ont cherché. Maurice Lippens, je le déterre de sa cachette à Knokke et je l'envoie à la prochaine assemblée générale des actionnaires de Fortis, pour un lancer d'œufs pourris et de poils à gratter. Je mets le salaire minimum à 3 000 euros net. Et le chômage aussi, tiens ! Après, je te convoque Laurent et Philippe pour un boulot chez Arcelor-Mittal, ainsi qu'Astrid et Mathilde pour faire des ménages à la tour des finances. Après, je nationalise Knokke-Le Zoute, tout le Brabant wallon et le Palais de Laeken pour en faire des logements sociaux. Et où tu vas avoir les chocottes, Elio, c'est que je récupère les bannis du PS de Charleroi : Van Cau, Cariat, Despiegeleer, Van Gompel, tous ! Tu imagines le carton à Charleroi ? Tu peux garder Lizin.

AVRIL 2009

MINISTRE DU BIDET

J'ai un de ces coups de mou! Je me demande même si je ne devrais pas envisager une pause-carrière d'un an. Un peu comme Annemie, qui a trouvé le truc pour se la faire ultra-plan-plan tout en bénéficiant d'une fort jolie rémunération : être ministre d'un problème que son parti ne veut surtout pas résoudre, par exemple la Migration. Tu promets une solution aux sans-papiers, tu l'inscris dans la déclaration gouvernementale, et puis tu fous rien. Exprès! Cela dit, affirmer qu'Annemie Turtelboom n'en lève pas une est un peu exagéré. Par exemple, la migration des hirondelles et des cigognes se passe super-bien. Les canards colverts, les pouillots véloces ou les étourneaux sansonnets n'ont jamais eu à se plaindre de notre ministre. Et je signale qu'Annemie n'a jamais expulsé la moindre fauvette à tête noire! Ce qui montre que la ministre de la Migration peut faire preuve de tolérance. Certes, elle maîtrise un peu moins bien la question migratoire des humains. Mais je vous le demande : quel ministre a un bilan 100 % positif? Même Didjé Reynders ne réussit pas tout. (Je sais, c'est drôle.)

Le problème, avec les humains, c'est que ce sont des oiseaux vraiment chiants : ça reste, les humains migrateurs! Ça s'incruste! Parfois, ça soigne même nos vieux dans les hôpitaux. Ça enseigne des trucs à nos enfants. Ça fait des boulots qu'on n'a plus envie de faire. Pire : ça paie des impôts et ça participe à la vie de la communauté! Une infection. D'ailleurs, moi je dis que n'est pas ministre de la Migration qui veut!

Quand elle passe (rarement) devant les caméras, ces imb… de journalistes lui demandent toujours : « Et kwè, Annemie, c'est pour quand ta circulaire sans-papiers ? » Et là, Madame la ministre répond toujours la même chose depuis un an : « Pas de commentaire/Geen commentaar ! » Ça, je regrette, mais le « Pas de commentaire/Geen commentaar ! », elle le fait trop bien. Comme d'ailleurs, juste après, la fuite dite « de l'anguille ».

Je me suis exercé, ça n'a pas été facile, mais ça y est : moi aussi, je pourrai bientôt être ministre d'un machin ultrapolémique. J'avais pensé à ministre du Bidet. C'est une bombe politique en puissance, ça, la problématique du bidet ! Je vous le demande : va-t-on, oui ou non, tolérer le grand retour du bidet ? Je sais que certains affirment ex abrupto : « Il est beau le lavabo, il est laid le bidet. » Mais je trouve ça un peu simpliste. Limite populiste ! Le bidet touche à la fois à la santé publique, à l'écologie et à la culture. Le bidet est un débat de civilisation ! D'ailleurs, qu'ont encore en commun le bidet flamand et le bidet francophone ? Ne devrait-on pas régionaliser le bidet ? Je me propose donc d'assumer la lourde charge de la tutelle sur le bidet, et ce durant un an. Quand je passerai (rarement) rue de la Loi entre un barbecue merguez-Orval et une thalasso, je promets que je ferai encore mieux qu'Annemie quand ces imb… de journalistes me demanderont : « Et kwé, le Peiff', t'en es où avec tes bidets ? » Je répondrai dans les trois langues nationales : « Pas de commentaire/Geen commentaar/Kein Kommentar ! » (Annemie, cette nulle !, avait oublié l'allemand.) Je dois encore un peu peaufiner ma maîtrise de la fuite dite « de l'anguille », mais ça s'améliore. J'ai toujours su que j'avais des prédispositions pour la pratique du rien foutre.

JUIN 2009

Didjé la poisse

Vous n'allez pas me croire, mais Didjé a décidé de faire son mea-culpa. Il a même entamé la rédaction d'un livre: «Didjé la Poisse», sous-titré «Comment ne pas gagner quand il est impossible de perdre». C'est vrai que là, avec Happart, Donfut, Biefnot et les Van Cau Père & Fils dans les gencives du PS juste avant les régionales, le Grand Bleu a réussi un tour de force: ne pas gagner les élections. Il faut dire que, dans le chef de nosse Didjé, c'est le résultat d'un travail de très longue haleine. D'abord, il y a longtemps déjà, Didjé nous composait sa tête de «Vous êtes tous des grosses biesses». Très réussie: regard suffisant, verbe arrogant et sourire de «Monsieur je sais tout mieux». D'ailleurs, pour montrer à quel point il fait tout beaucoup mieux que tout le monde, Didjé sera en même temps président du MR, vice-Premier Ministre et ministre des Finances. Un Schtroumpf dieu, en somme, qui voulait aussi être bourgmestre de Liége. C'était inscrit sur ses affiches électorales, en 2006: «Votre bourgmestre». Il a fallu les retirer vite fait, le lendemain du scrutin communal. Sinon, ça fait con.

Ensuite, Didjé a inventé une belle phrase, «déplacer le centre de gravité de la Wallonie», qu'il a répétée 72627 fois. Crois-moi, Didjé, on ne s'en lassait pas du tout! Après, il a merdé l'Orange bleue, en n'oubliant pas de se fritter à vie avec Joëlle Milquet, dans un grand numéro de machisme parfaitement maîtrisé. Disons que pour résumer la pensée très visible de Didjé, Jojo frôle la pétasse. Très important également, pour la campagne régionale, Grand Schtroumpf a inventé une méthode unique, à adopter par tout le MR : le gros cassage. En résumé : tout ce que les autres font, c'est naze. D'accord, Didjé, mais tu proposes quoi de mieux, à la place ? « On s'en fout ! D'façon, les aut' qui sont pas MR c'est que des prouts ! » Pour étayer son propos, Didjé crée aussi une autre formule pas du tout énervante, puisqu'elle n'a été répétée que 2694789 fois : « Le CDH est scotché au PS ».

Ce qui est pas mal, c'est que dans le même temps, « Super Brain » a eu le bon goût de louper la lutte contre la fraude fiscale, de paumer un bon milliard d'euros à cause d'erreurs de son administration et de vendre Fortis à BNP en oubliant de consulter les actionnaires. Mais le vrai trait de génie de Didjé, c'est cette idée de saupoudrer les listes MR de quelques bons gros populistes de bon aloi. Par exemple, à Bruxelles, nous avons Alain Destexhe, dont le message principal est : Wallons = chômeurs profiteurs. Du plus bel effet quand on veut devenir premier parti de Wallonie. Pour encore mieux séduire le Sudiste, Didjé avait également réservé une place à une grande pointure flamande du simplisme, dont le programme politique consiste à zigouiller du fonctionnaire fatalement paresseux. Touche d'originalité très « didjéenne » : il éjecte Rudy Aernoudt deux jours après l'avoir accueilli. Du sérieux. Comme la désignation, à la tête de liste du MR bruxellois, d'un garçon mondialement adulé pour son charisme et sa débordante activité : Armand De Decker. Bouquet final de sa stratégie, Didjé affuble les socialistes d'un fort beau sobriquet : « Infréquentables ». Parfois, c'est celui qui le dit qui l'est.

SEPTEMBRE 2009

Acquis sociaux

C'est comme ça qu'on reconnaît les grands : au fond, ils se ressemblent. Prenez José Happart et Silvio Berlusconi. A priori, ils ont autant de points communs qu'un pot de yaourt et une navette spatiale. L'un est de gauche (si, si !), l'autre est de droite (si pas plus). Berlu figurera très bientôt en poster central du nouveau « Guide pratique du lifting et de la liposuccion », tandis que José cultive volontiers ce côté rustique en tricot à carreaux et qui sent bon le Maredsous à pâte dure. Mais si on cherche bien, on trouve. Par exemple, ils ont tous les deux un joli petit nom. L'un est surnommé « Il Cavaliere » et l'autre « Li Bovidé ». (Je sais, c'est nouveau, mais je trouvais que le « Hérisson fouronnais » était un peu faisandé, alors que « Li Bovidé » rend bien cette inimitable diction de ruminant et cette attitude de vieux taureau bourru.) Autre point de convergence entre Il Cavaliere et Li Bovidé : ils ont chacun une maison de campagne. Silvio en Sardaigne, où ça sent la bimbo parfumée au bord de la piscine. Et José à Fourons-Saint-Pierre, où ça sent le purin dans la cour.

Et puis, surtout, ils ont tous les deux ce sens inné de la formule. Jojo nous a broubelé un très bon mot pour justifier ses 530 000 euros brut d'indemnités d'ex-président du Parlement wallon : ce sont des « acquis sociaux ». Du côté des ouvriers de la Sonaca ou des producteurs de lait, on a été très tenté de se choper José dans un coin, ceci afin de lui administrer une bonne centaine de claques. Mais c'eût été injuste. Parce que c'est pas sa faute, à Jojo ! Il faut comprendre que, dans le peuple de gauche, certains termes sont ancrés dans le vocable de manière quasi pavlovienne. « Acquis sociaux », c'est comme « grève sauvage » aux TEC ou « on a toujours fait comme ça » chez les ex-échevins PS de Charleroi : ça vient tout seul. Et comme José est socialiste depuis très longtemps (si, si !), ça lui a échappé.

Evidemment, Li Bovidé n'a pas atteint la maîtrise du Paganini de la formule. Il Cavaliere vient encore de nous gratifier d'un chef-d'œuvre : « Je suis le meilleur président du Conseil des 150 dernières années de l'histoire italienne », confiait-il lors d'une conférence de presse avec le Premier ministre espagnol Zapatero. Précisons qu'il l'est vraiment, président du Conseil italien. Ceci au cas où vous auriez eu la vague impression, ces derniers mois, que Silvio était acteur porno sur une chaîne télé pour seniors. A côté d'un Zapatero sidéré comme un point d'exclamation, le cavaleur se laissa ensuite aller à une confidence de la plus haute intensité géopolitique : « Je n'ai jamais versé une lire, un euro pour une prestation sexuelle. » Je vous conseille donc vivement de ne pas manquer la conférence de presse du très prochain G20. Si tout va bien, Berlusconi devrait y annoncer que « Barack Obama est une lopette communiste », ceci avant d'expliquer à Angela Merkel la meilleure façon d'enfiler une capote goût fraise à son chéri d'amour. Juste un petit mot pour mon ami Didier Reynders. Surtout, Didjé, ne tente pas d'imiter Silvio par une déclaration du genre : « Je suis le meilleur président libéral de l'histoire belge. Et aussi le meilleur coup du MR. » En Italie, ça fonctionne. Chez nous, je sais pas…

NOVEMBRE 2009

SupHerman

Dites donc, Nicolas, Angela, José Luis, Silvio et Gordon ! Ça ne va pas du tout, ça, de nous piquer notre Herman pour le bombarder premier Président de l'Europe de l'histoire ! D'abord, Nicolas, je sens que tu vas encore te ridiculiser à devoir prononcer son nom. Déjà, « Van » ne se prononce pas comme quand t'as mangé des poix-chiches et que tu fais un « vent » mais comme quand tu lances une « vanne » à de Villepin. Vu ? Après, la syllabe « Rom » ne se dit pas « ron » (comme dans ronron petit patapon) mais « Rome » (comme la capitale de l'Italie). Le plus compliqué, maintenant : « puy » se prononce « pœil » (comme un œil avec un p devant). Répète après moi : « Vanne Rome Pœil ». Non, pas « Venronpoui » ou « Vanneronpouille » ! Je le savais, que t'allais nous énerver !

De toute manière, normalement, un président doit être élu grâce à un machin qui s'appelle le « suffrage universel ». Or moi, jusqu'ici, on ne m'a rien demandé. Un gars qui est le grand chef sans être élu, ça s'appelle un roi ou alors un dictateur. Oui, je sais, comme c'est pas marqué neuneu, je comprends votre logique : vous bidouillez un truc qui vous arrange, vous les gros Européens. Vous mettez un petit gars qui ressemble à mon expert-comptable et, comme ça, y fait pas sa star et vous continuez à faire les gros malins. C'est comme chez nous : on a un roi-pot de fleurs sans pouvoir comme chef d'Etat, et comme ça on se dispute à notre aise. Mais là, avec Herman, je dis : méfiez-vous ! Chez nous aussi, on croyait qu'on nous avait choisi un vieux candélabre comme Premier ministre. Et puis là, en quelques mois, c'est devenu SupHerman ! Tout le monde l'adore ! Même que depuis qu'il a fait du camping en vacances en Australie, sa madame le surnomme Rambo. Je n'essaie même pas de vous expliquer la michepapoutte BHV et les autres pétards belgo-belges, mais sachez que SupHerman est le seul homme au monde à pouvoir sauver la Belgique.

Donc voilà, pour tout vous dire, on ne veut pas vous donner Rambo. Surtout parce qu'on va devoir le remplacer. Et là, c'est Halloween ! Déjà, personne ne veut du retour de Monsieur Tout-Mais-Pas-Lui, que vous connaissez peut-être sous le patronyme d'Yves Leterme. Du coup, Didjé s'imagine des choses. Je sais, c'est comique : déjà qu'il est pas cap' de tenir le MR, vous imaginez le bazar si c'est tout le pays. Du coup, on parle du come-back de Bibendum. Mais moi, Dehaene, j'y oppose mon veto. Ce qui fait que j'ai une chouette idée : puisque c'est pour faire potiche, prenez Leterme ! D'abord, c'est facile à prononcer : ça se dit Leterme dans toutes les langues. Et puis surtout, il a le profil : en un an comme Premier ministre, il n'a rien fait. Il est lent. Il dort tout le temps. En plus, vous verrez, il peut être gag. Quand il devra chanter l'hymne européen, vous aurez droit à « La Danse des canards ». Et alors, comme stratège, bonjour ! Aucun risque qu'il vous bouffe du pouvoir. Figurez-vous que, chez nous, il a voulu diriger la Belgique en faisant entrer dans son gouvernement des gars qui veulent faire péter la Belgique. Bref, ça nous rendrait service que vous nous ôtiez Leterminator des pieds. D'ailleurs, vous nous devez bien ça : c'est nous qu'on a fondé l'Europe. On serait quitte.

AVRIL 2010

LE BEAU DIDJÉ

C'est pas juste : le MR pique une fois de plus dans les sondages, malgré tous tes efforts que tu fais pour nous. Une DLU pour les riches fraudeurs, une deuxième amnistie fiscale pour fraudeurs, des intérêts notionnels, plein de trucs chouettes ! Et nous, on te remercie comment ? En larguant ton Mémère à 11 % du vilain PS en Wallonie ! Même à Bruxelles, les socialisses sont devant ! C'est dur, la politique, hein mon Didjé ? En Italie, en revanche, c'est cool. A force de ne parler que de sa quéquette et de se tricoter des lois sur mesure pour éviter des bricoles en justice, Silvio devait se prendre une touille aux régionales. Mais Berlu, il a sorti son truc favori : les injures qui puent. Claude Eerdekens, à côté, c'est du délicat. Un journaliste italien pose une question à Silvio sur ses ennuis judiciaires ? « Ta gueule, connard ! D'ailleurs, t'es moche ! » Les juges qui s'intéressent à ses bidouilles ? « Des communistes ! Des terroristes ! » Et puis le matin du scrutin, il gomine ses implants capillaires, il passe un dernier coup sous les UV, il chausse ses dents en plâtre verni, il met une belle chemise ouverte jusqu'au troisième bouton pour montrer comment son torse est bien épilé, et il va voter ! Toutes les télés sont là (obligé : elles sont à lui). Et tu sais quoi, Didjé ? Les Italiens votent quand même pour son parti ! Il est fort, Berlu.

Tandis que toi, quoi que tu fasses, tu te viandes. Et je comprends bien ce que tu as révélé dans ta dernière interview : tu as failli quitter la politique. A cause des attaques contre tes collaborateurs, disais-tu. Là, mon Didjé, je crois que tu te méprends. Ce qui gêne, ce ne sont pas tes collaborateurs. C'est seulement toi. Je t'explique : au Mémère, on a bien vu qu'ils faisaient du boudin parce que tu foires tout et que tu veux quand même rester leur président, leur vice-Premier et leur ministre des Finances. Après, tu leur dis : « OK, OK, on va faire un nouveau manifeste du Mémère, on va devenir humanistes comme Joëlle, mais je reste président vu que j'ai plusieurs cerveaux pour tout faire. Z'êtes contents, les Schtroumpfs ? » Rideau. Mais nous, les électeurs, on sait bien que t'as qu'un seul cerveau ! Or, en démocratie, c'est nous qu'on décide, tu vois. Alors, vu que tu nous prends un peu pour des neuneus, on dégomme ton parti, tu comprends ?

Pour limiter la casse, tu pourrais faire un truc simple : laisser la présidence du Mémère à un autre. Mais ça, t'es trop tiestu. L'autre truc, ce serait de te la jouer Berlu. C'est pas mal, ça ! Tu teins tes cheveux blancs en noir, tu les plaques à la gomina, tu soulignes ton regard à l'eye-liner, tu dors six mois sous un banc solaire et tu dragues quelques bibiches de RTL. Quelques semaines avant les législatives 2011, tu fais une conférence de presse où tu m'invites. Là, je te pose une question sur tes cumuls et toi, tu me sulfates d'injures devant les caméras : « Lopette, gros thon, avatar ! » Le jour des élections, tu fais encore plus distingué que Silvio : tu mets un marcel sous ton veston et tu n'oublies pas de porter un joli collier, genre grosse gourmette en or, mais pour le cou. Et là, devant les photographes, tu nous sors ce sourire qui nous dit : « Alors, les filles, il est pas craquant, le beau Didjé ? » En Italie, ça marche.

JUIN 2010

ÇA SE PRÉSENTE BIEN

Pour ceux qui aiment la griserie du changement, le frisson de l'aventure, voire les émotions que procure la perspective du grand vide sidéral, je ne vous dis qu'une chose : ça se présente très, mais alors très, très bien ! Je veux dire : pour l'après-13 juin. Avec une N-VA annoncée à 26 % en Flandre, c'est déjà la grosse déchire de la life, question saut de l'ange dans l'inconnu. Et alors, ce qui s'annonce encore plus top, c'est quand nos amis les Flamands vont s'apercevoir qu'en y ajoutant le Vlaams Belang et la Lijst Dedecker, ils auront porté les séparatistes à 42 ou 44 %. Les têtes de cabillauds qu'ils vont nous tirer, dans les reportages de la VRT ! « Alleï, pardon/sorry, mais on l'a pas fait exprès ! » Oui parce qu'en fait, 85 % de nos amis du grand Nord ont déclaré dans un sondage ne pas vouloir la fin de la Belgique. C'est fort gentil, mes amis les vrienden, mais alors faudrait voir à un peu mieux lire/lezen les programmes de la N-VA ou du VB ou de la LDD.

Quand le Blok-Belang éructe du « België baarst » depuis 25 ans, eh bien ça veut dire qu'ils veulent que la Belgique soit très mourue. Vous comprenez ? Et quand Bart De Wever dit que « le confédéralisme n'est qu'une étape vers l'indépendance de la Flandre », ça signifie la même chose, mais en plus poli. Compris/begrepen ? Ca veut dire : fini la Belgique ! Ik vertaal : België geeindigd ! Vous voyez de quoi on parle ? La Belgique, c'est le petit machin qui existe depuis 1830, avec sur son trône (mais un peu pour rire) un type qui s'appelle Albert et qui a une belle-fille très courageuse qui s'appelle Mathilde. Toujours pas? Mais si! C'est ce truc qui commence à Ostende et qui descend jusqu'à Arlon. Même que, par là, il y a des montagnes avec des sauvages qui parlent le français et qui votent socialiste! Je sais, c'est sale. N'empêche que c'est votre pays: la Belgique/België. Eh bien avec Bart, Jean-Marie, Filip et tous leurs potes, 'y a plus Belgique/België! Niquée/gepoepd! Moi, ce n'est pas que j'y tienne particulièrement. Je dis ça pour vous, les 85%: si vous voulez la garder, il faudrait peut-être s'informer un peu avant d'aller jouer à Bart Superstar, le 13 juin.

Notez qu'en attendant, grâce à vous, on s'amuse bien. D'ailleurs, chez nous aussi, certains aimeraient bien participer à la grande aventure. Prenez l'honorable Maître Mischael Modrikamen, qui a créé un nouveau parti: le Pépé (en gros: lui tout seul + Rudy Aernoudt). Au début, on avait cru qu'il était casse-bonbons, Modri: la droite très droite qui se la pète, mais soucieuse de tous, vous voyez? Et puis, petit à petit, Mimisch a trouvé que les immigrés étaient un peu trop gnagnagna, que les chômeurs étaient un peu trop gneugneugneu, et ainsi de suite... Vous voyez le genre? Assez farce, un peu comme chez vous. Et là, ça y est! Il est devenu totalement farce. La semaine passée, Mimisch a déclaré que son Pépé était « prêt à participer à un gouvernement avec la N-VA et la LDD ». Faute de goût: il a oublié le Vlaams Belang. Il n'empêche, c'est encourageant de voir comment la grande amicale des populistes peut transcender les différences et les frontières linguistiques. Ce qui serait bien, c'est qu'Alain Destexhe rejoigne votre belle amicale. Promis, je m'en vais lui demander.

OCTOBRE 2010

L'Histoire, la Vraie...

Dis donc, toi aussi tu es chroniqueur dans la grande presse !? Et au Standaard, mazette ! Je peux t'appeler « cher confrère », alors ? Non, je rigole : je n'oserais pas. Moi, j'écris des bêtises. Ce que tu lis, c'est juste ma bafouille hebdomadaire de mauvaise foi revendiquée. Tandis que toi, Bart, quand tu éditorialises, c'est du Sérieux. De l'Historique. Du Responsable. C'est normal, puisque tu es Historien. Tu es aussi « le » Responsable politique qui tient le sort de la Belgique dans tes petites mains potelées. Et puis surtout, tu es Flamand, donc Sérieux. Du coup, c'est impossible que tu racontes des sottises. Et donc, quand tu écris que « la Wallonie n'assume pas son passé collaborationniste » (contrairement à la Flandre) et quand tu évoques « le mythe wallon selon lequel la collaboration était un phénomène essentiellement flamand », nous on doit dire : « Oups, pardon, M'sieur De Wever ! Merci de nous éclairer sur l'Histoire, la Vraie. »

Si j'ai bien tout compris, la raison pour laquelle la Flandre comptait dix fois plus de collabos nazis que la Wallonie, c'est parce que les historiens francophones sont des grosses clettes. Ils n'ont pas bien cherché. Ces feignasses d'historiens sudistes n'ont trouvé que 10 000 collabos wallons. Alors que les historiens flamands, eux, ils en ont débusqué 100 000 en Flandre, dix fois plus ! C'est parce que l'historien flamand, il cherche vraiment, sans compter ses heures. Tandis que l'historien francophone, il cherchotte, cool, entre l'apéro et la sieste. Et donc il tronque.

C'est un peu comme dans la vraie vie, en somme : le Flamand fait toujours tout mieux que tout le monde. Un exemple ? Toi. En son temps, quand tu as fréquenté Jean-Marie Le Pen, ce n'était certes pas par sympathie, mais pour aller au fond des choses, niveau politique. Pour savoir comment c'était de l'intérieur, l'extrême droite imbécile.

Un autre truc bien, avec ton édito, c'est que tu donnes l'exemple aux générations futures d'historiographes. Dans cinquante ans, ton petit-fils, Kevin De Wever, sera certainement lui aussi un politique/historien flamand sérieux, responsable, honnête et travailleur. Et donc, dans le Standaard, il expliquera pourquoi, dans les années 2000, les Flamands ont voté à plus de 20 % pour l'extrême droite raciste, faisant quasiment du Vlaams Blok/ Belang le premier parti de Flandre. Et pourquoi, dans le même temps, le Front national francophone végétait à 5 %, avant de disparaître. En suivant ton bel exemple, Kevin pourra rétablir la vraie vérité historique : c'est parce que dans les bureaux de vote du sud du pays, ces grosses clettes d'assesseurs wallons n'ont pas bien compté les bulletins. Même peut-être qu'ils ont triché ! C'est bien wallon, ça. Tandis qu'avec toi, Bart, rien de tout ça ! Par exemple, vu que tu es un historien flamand sérieux, tu sais bien que, durant 150 ans, c'est la Wallonie qui a fait tourner la boutique Belgique. Là, depuis une bonne trentaine d'années, on n'en lève plus une. Mais tu es un garçon qui sait aussi compter : 150 ans/30 ans, y pas photo. Et donc quand tu seras le premier Président de la République de Flandre indépendante, je suis certain que tu signeras un chèque avec tout plein de milliards à l'adresse de la nouvelle Belgique Wallonie-Bruxelles. Pour nous remercier. En toute honnêteté.

BONUS 3

Sarkonneries, Berlusconnades, Busheries

JANVIER 2007

MONSIEUR LE MINISTRE GYNÉCO

J'ai appris un truc grâce au congrès qui a investi Sarko à la candidature : ce que signifie « UMP ». Vous le saviez ? Moi non plus. UMP signifie « Union pour un mouvement populaire ». C'est comme « camembert pour un fromage normand » : ça ne veut rien dire. Notez qu'avant, la droite française était « gaulliste », ce qui ne voulait rien dire non plus. De toute manière, maintenant, elle n'est plus rien de tout ça. Elle est « sarkozyste ». Et pas un peu : 98 %, qu'il a fait à son exam' UMP pour devenir président, le Nicolas ! A part Kim Jong Il en Corée et Ben Ali en Tunisie, je n'en vois guère qui aurait pu avoir un aussi beau bulletin. Tout ça grâce au soutien de Johnny. Et surtout de Doc Gynéco ! Je rappelle que ce garçon fait « chanteur de banlieue devenu pipole de télé » dans la vie. Le Doc passe ses journées à téter des cigarettes qui sentent bizarre et occupe ses nuits à être gaulliste (dans le sens gaulé du terme, dit-il lui-même).

Et donc voilà qu'en juillet dernier, entre deux retraits de permis pour conduite en état de « griserie », Bruno Beausir (son vrai nom) se pointe aux « Universités d'été de l'UMP » pour déclarer sa flamme politique à Sarko. Sur le moment, les télés gardent l'image pour les bêtisiers. Erreur ! C'était du tellement sérieux que le Doc vient d'en faire un livre titré : « Les grands esprits se rencontrent ». Le postulat, c'est donc que Sarko est un grand esprit. Soit. L'autre postulat, c'est que Gynéco en est un aussi, de grand esprit. Et il l'est ! La preuve c'est que, dans son bouquin, j'ai lu plein d'extraits qu'un petit esprit comme le mien n'a pas réussi à décoder. Exemple : « Nicolas Sarkozy au pouvoir deviendra d'autant plus proche du peuple que le peuple lui-même se demandera pourquoi il n'en profite pas pour sa personne ». Au secours, quelqu'un peut-il m'expliquer ? Un autre grand moment d'esprit est la description de la France de Gynéco façon Sarko (ou le contraire) : « Je suis fier de ses victoires sanglantes, fier de ses colonies, fier de l'enrichissement de la Nation, même quand elle vend des missiles et des avions de chasse. » Au secours (bis), j'ai vraiment besoin d'aide ! Où j'ai chopé un léger hoquet, c'est quand le grand esprit écrit qu'il se sent « ministre de la France », précisant toutefois que « peu importe la mission que Nicolas Sarkozy me donnera après sa victoire ». C'est donc que le Doc Gynéco se voit sérieusement ministre sous Sarko.

Là, cher Nicolas, même si nous nous connaissons peu, je te demande de m'écouter soigneusement. Le Doc, tu vois, moi je le vois bien ministre de la Trombinette sauce lapin. Et ton nouveau ministre de la Trombinette sauce lapin pourrait être envoyé en mission d'étude sur l'île de la Tartiflette à poils ras, au sud de l'Océan Antarctique. Oui, ça existe ! Et donc là, durant une mission de cinquante ans renouvelable (deux fois, pour être sûr), le ministre Gynéco serait chargé d'y débusquer tous les timbres Prior à l'effigie du roi Laurent Ier de Belgique, et ce à l'aide d'un filet à papillons. Oui, je sais que c'est n'importe quoi ! Mais c'est qui qui a commencé ?

FÉVRIER 2007

NOUNOURS CONTRE GI'S

Bonjour, ici Dobbeljou qui vous écrit ! Le type qui fait cette chronique chaque semaine, je l'ai fait enlever par la CIA. Il est à Guantanamo pour quelques jours. Je sais, c'est pas légal, mais j'avais besoin de lui piquer sa chronique pour vous dire un truc : les parlementaires du Congrès américain, eh ben y sont vraiment pas cool ! Tous les Démocrates et même des Républicains veulent voter contre leur président : moi ! Ils font une résolution pour que j'envoie pas 21 500 soldats de plus à ma guerre en Irak. Bon, comme d'hab', il faut dire que je leur ai un peu raconté des carabistouilles. En fait, c'est pas 21 500 boys que je vais envoyer. Parce que, en plus des G.I. Joe qui font péter la gueule aux méchants, il y a aussi tous les autres qui assurent la logistique, derrière. Donc, en tout, ça fait dans les 40 000. Ça, j'avais pas dit. J'avais pas dit non plus que ça coûterait 13 milliards de dollars. Alors ils boudent. Et ils disent : « Plus de soldats US au milieu d'une guerre civile ! ».

Y sont bouchés, ou quoi !? Combien de fois je dois répéter que c'est une guerre contre le terrorisme ? En plus, il y a deux semaines, je leur avais fait un joli cadeau, à ces troufions, en devenant écolo. Oui, moi, écolo ! Et pourquoi pas Gilles de Binche !, qu'il a dit, Dick Cheney ! On s'est marré. Non, mais, c'est à cause que 'y a tout plein de gros nounours blancs qui meurent parce qu'y n'ont plus assez de glace pour vivre. Moi je dis à Condoleeza : « Pas grave ! Envoie-leur dix tonnes de vanille et dix tonnes de straciatella sur mon compte, que j'dis. » Mais c'est pas ça : ils vivent sur la glace de la banquise. Et nous, à cause qu'on chauffe la planète, ça fond et ils n'ont plus de maison. Moi, je m'en fous : 'y a même pas de nounours blancs, au Texas ! Mais tout plein d'Américains sont tristes de ça. Donc moi, je leur dis : O.K., guys, je deviens écolo et on va réduire de 20 % nos gaz à effet de serre d'ici à 2017 ! C'est Condoleeza qui m'a donné l'idée : « Tu leur dis ça et ils sont contents. En échange, tu pourras envoyer tes soldats en Irak. » Oui mais, que je dis : si l'Amérique brûle moins de pétrole, y va pas être content, Big Oil (le lobby pétrolier US). Il a payé nos campagnes, à papa et à moi, et j'ai passé six ans à bousiller plein de projets écologiques pour protéger le business du fuel. Mais Condoleeza, elle me dit : « Mais tu t'en tapes ! Dans moins de deux ans, t'es plus là. Donc la bagarre avec Big Oil, c'est pour Hillary ! Tu saisis ? » Je saisis.

N'empêche que ces empaffés du Congrès veulent toujours pas envoyer mes boys en Irak ! D'façon, je m'en fiche ! J'ai même pas besoin de leur accord, tiens ! Leur machin chose de résolution, eh ben elle est « non contraignante pour le président », qu'elle a dit Condoleeza. C'est ça qui est génial avec les Etats-Unis. Déjà que tu peux être élu président avec 500 000 voix de moins qu'Al Gore. Et après, c'est une tellement grande démocratie que quand personne veut que je fasse quelque chose, je peux le faire quand même. Un peu comme un dictateur, si on veut. Sauf que moi, ils m'ont élu. Deux fois ! Dingue, non ? Allez, sur ce, God Bless America !

MAI 2007

L'ENVIE D'AVOIR ENVIE

Pour Laeticia, Johnny s'appelle Mamour. Je vous dis ça parce que c'est intéressant de voir que Laeticia est une fille comme les autres, finalement : elle appelle son chéri Mamour. Comme nous. Ce qui est intéressant aussi, chez Laeticia, c'est son analyse politique de la victoire de Nicolas Sarkozy. Parce que, question politique, l'enjeu était quand même fondamental : Jojo et Laeti allaient-ils oui ou non revenir s'établir en France? Gros, gros suspense. Roulez tambours, sonnez trompettes, la réponse est : ouiiii, ils reviennent ! Et c'est normal, parce que leur ami Nico est un homme de parole qui en a : il a dit qu'il ramènerait les impôts des riches à 50 %, et il le fera ! Le nouveau « président du peuple » l'a confirmé à Laeti lors de la sauterie du Fouquet's, juste avant d'aller faire du yacht à Malte. Donc Laeticia l'a annoncé chez Fogiel : « La politique de Nicolas Sarkozy va faire qu'on va certainement revenir en France ». Oui, parce que pour Laeticia, « la politique de Nicolas Sarkozy », c'est ça : le taux d'imposition réduit sur les grandes fortunes (pour le reste, elle a rien dit). Après douze ans de pouvoir de ce communiste de Jacques Chirac flanqué de Premiers ministres d'extrême gauche (Juppé, Raffarin, Villepin), Laeticia trouve que « la fiscalité en France est inacceptable ».

Et alors, très important aussi, niveau politique : Laeticia a tenu à fermement démentir la rumeur politique comme quoi Johnny et elle s'emmerdaient en Suisse. Sa réponse politique a été on ne peut plus claire : « A Gstaadt, on ne s'emmerde pas du tout ! » Précisant même politiquement que « quand on a une vie de privilégiés comme nous, on ne peut pas dire ça ». Notons ici que, malgré le côté atrocement inacceptable de ce qu'ils vivaient fiscalement en France, Laeti trouve qu'elle est un peu privilégiée quand même. N'empêche que c'était insupportable : ils étaient dans l'impossibilité d'être encore plus privilégiés. Bon, Jojo et Laeti ont déjà tout. Mais imaginons que des nouveaux trucs de privilégiés encore plus privilégiés apparaissent, y font comment, les Hallyday ? Laeticia veut être bien certaine de pouvoir suivre. Sinon, ça ne va pas.

Par exemple, après l'esthéticienne et le massage bien-être aux algues de Zanzibar ce matin chez Zaza, eh ben elle a plus rien à foutre, Laeticia, cet après-midi. Donc shopping ! Direction une boutique Chanel. Avant Sarko, eh ben elle pouvait que prendre douze robes ! Maintenant, grâce à la politique à Nico, Laeticia pourra acheter les douze paires de pompes qui vont avec. Avant, c'était que six. Autre exemple : avant, Johnny et Laeti ne pouvaient acheter qu'une petite maison de vacances de quinze pièces à Ramatuelle. Eh ben maintenant, grâce à Sarko, ils peuvent en acheter deux, s'ils ont envie ! Une pour les jours pairs et l'autre pour les jours impairs. C'est ça qu'elle a voulu dire, Laeti, quand elle a trouvé toute seule comme une grande une géniale formule qui résume bien la politique de Nico : « Il nous donne l'envie d'avoir envie ».

JUIN 2007

LE PETIT NICOLAS FAIT DU JOGGING

Vous pouvez jeter vos « Martine à la plage » et vos « Martine à la ferme ». Parce qu'il y a beaucoup mieux, depuis le 6 mai ! Et c'est gratuit : il suffit de regarder la télé. On a tout eu ! Le déjà célèbre « Petit Nicolas fait du bateau », bien sûr. Puis « Le Petit Nicolas essuie une larme sur la joue de Cécilia » suivi de près par « Le Petit Nicolas roule une galoche à Cécilia ». Mais le top, c'est « Le Petit Nicolas fait du jogging ». Là, c'est carrément une collection : « Le Petit Nicolas fait du jogging avec son Premier ministre », « Le Petit Nicolas fait du jogging sans son Premier ministre » et « Le Petit Nicolas fait du jogging au Fort de Brégançon avec ses lunettes de Top Gun ». Grâce à ça, on apprend plein de choses intéressantes dans la presse. Je lisais par exemple dans Le Figaro que, samedi à Brégançon, le soleil était radieux, la température était de 20° Celsius et que le président, en tee-shirt et short bleu marine, a effectué son footing matinal – je cite – « à petites foulées ». Ce qui est bien, aussi, c'est qu'on révise sa géo : le Fort de Brégançon, lis-je, est situé sur une péninsule rocheuse de la commune de Bormes-les-Mimosas, dans le Var. Tenez, tenez !

Mais un truc pas logique me chipotait quand même : avec tous ses footings, comment est-ce que ça se fait-il que Nico ait ce popotin mi-Jennifer Lopez, mi-Jean-Luc Dehaene et ce bedon qui menace l'André Flahaut ? Ce qui expliquerait d'ailleurs le fait qu'on n'ait pas encore eu droit à « Petit Nicolas fait de la natation ». Maintenant, on a l'explication : pour faire son jogging, Petit Nicolas ne choisit jamais la quiétude de Foufette-sous-Berdouille. Nico préfère les endroits bondés avec tout plein de caméramans autour de lui. Alors évidemment, durant son jogging, il est bien obligé de serrer les louches et de se laisser photographier avec Mémé Simone. Et donc, il ne court presque pas. Ce mercredi, à Bruxelles, je vous parie une place à la finale Standard-Bruges que Petit Nicolas fera son jogging entre la Grand-Place et Manneken Pis. Ou alors sous l'Atomium.

En tout cas, la rédaction de TF1 trouve ça super, les aventures du Petit Nicolas. Jusqu'aux législatives, la chaîne de Monsieur Bouygues (grand ami de Sarko) va tourner tout plein de nouveaux épisodes : « Le Petit Nicolas à la montagne », « Le Petit Nicolas se brosse bien les dents en faisant des cercles avec sa brosse à dents » et aussi « Le Petit Nicolas ne fait pas son dégoûté quand il mange de l'andouillette ». C'est ça, le style Sarko : proche, moderne, dynamique. « Une présidence à la Kennedy », comme disent les politologues. Cela dit, pour faire encore plus Kennedy, je trouve que Cécilia devrait un peu plus se montrer. Comme Jackie Kennedy, à l'époque. Par exemple, dans son cas, je ne serais pas du tout opposé à un « Cécilia à la plage » ou à un « Cécilia fait des bulles dans son jacuzzi ». Notez que les politologues ne sont pas chouettes : ça s'est quand très mal terminé, pour les Kennedy. John assassiné et Jackie obligée de s'enticher d'un vieux milliardaire grec, c'est glauque. Même si Le Petit Nicolas a tout plein de vieux copains milliardaires. Des jeunes aussi.

JUIN 2008

ON T'AIMAIT BIEN...

La triomphale tournée d'adieu de George Bush dans les capitales européennes était émouvante. C'est normal : Dobbel a rythmé nos vies durant huit longues, très longues années. Ca crée des liens. Et ce que je trouve chouette de sa part, à Georges, c'est qu'il nous laisse de quoi nous occuper si jamais on s'embêtait : une guerre en Afghanistan, une autre en Irak, des terroristes tout partout, une planète surchauffée à l'effet de serre, les bombes à fragmentation, la crise des subprimes et Condoleeza Rice. Mais ce que j'apprécie le plus, chez lui, c'est qu'il a su conserver intact le plus important : le rêve américain ! Dobbeljou est la preuve vivante que n'importe qui, même un gars qui n'a pas tous ses nic-nacs, peut devenir président des Etats-Unis. Et ça, c'est quand même bien. Quand on pense que s'ils avaient été américains, Claude Despiegeleer ou Pieter De Crem auraient pu être présidents !

Cela dit, ça et là, j'ai quand même trouvé que l'accueil de certains dirigeants européens était limite « casse-toi tu pues ». Un peu comme quand Gargamel a pris sa retraite et qu'il est allé dire au revoir au Grand Schtroumpf, vous vous rappelez ? Ce n'était pas chaud-boulette. A propos de Grande Schtroumpfette qui fait très bien sa dégoûtée, il fallait voir la tête d'Angela Merkel, quand George est arrivé à l'aéroport de Berlin. Déjà, quand il lui a fait coucou de la main en sortant de l'avion, Angela nous a sorti sa plus belle tête de « Monsieur, vous avez une haleine de phacochère ». Mais le plus pénible était à venir : quand Junior est tombé dans les bras d'Angela, t'aurais dit qu'elle était obligée de rouler une pelle à un calamar géant couvert de psoriasis. Le pire, c'est quand Dobbel, avant de partir, l'a invitée à passer les grandes vacances dans son ranch au Texas. Là, on a clairement pu lire les sous-titres : « C'est ça, Simplet ! Et pourquoi pas un barbecue chez Poutine ou une crêpe-party chez Leterme ! Allez, houste ! Va jouer cow-boys et indiens avec Berlusconi, maintenant. »

Heureusement, d'autres dirigeants européens ont été plus sympas. Comme Silvio Berlusconi, Benoît Seize ou Nicolas Sarkozy. Lui au moins, il a reçu Dobbel avec le sourire. Il faut dire qu'il aime bien tout le monde, Sarko. Après avoir reçu Khadafi et le président syrien al-Assad, il hésite entre Robert Mugabe et Mahmoud Ahmadinejad pour sa prochaine teuf à l'Elysée. Mais n'y voyez aucune provocation. C'est parce que tous ces gens seront un jour retraités. Et Nicolas trouve qu'un président peut devenir un chouette gaillard, après sa retraite. Regardez Chirac, qui traîne une batterie impressionnante de casseroles. Eh bien, après cinquante ans de vie politique et douze ans de présidence, Jacouille la Fripouille a enfin découvert l'écologie. Il a même créé une « Fondation pour le développement durable et le dialogue des cultures », qui est toujours un bon plan pour voyager pas cher. Un jour, quand il prendra sa retraite, Yves Leterme créera lui aussi sa Fondation « Y'a pas que BHV dans la vie ». Vers le 15 juillet prochain…

MAI 2009

Berlusconneries

Ce qu'elle peut être susceptible, Veronica Lario ! Madame veut divorcer parce qu'elle en a assez des berlusconnades de son mari ! Il est vrai que Silvio aurait comme une tendance lourde à confondre la femme et le steak, très fier de son rôle de président à vie de la Confrérie de la Folle Quéquette. En 2007 déjà, lors d'une soirée télé, Berlu d'amour déclarait sa flamme en direct à une télébombe (devenue ministre depuis lors !). Conjugalement parlant, c'est un peu agaçant. Dimanche dernier, il participait à la fête d'anniversaire d'une jeune et jolie Napolitaine de 18 ans qui, disons, semblait fort bien connaître le Premier ministre. A la maison, ça peut effectivement vous plomber une ambiance. Surtout quand on est le leader d'un parti qui prône les valeurs traditionnelles de la famille.

Quelques jours plus tôt, Silvio chéri avait annoncé qu'une demi-douzaine de top-biches issues du cheptel de son empire télévisuel figurerait sur la liste européenne de son parti. Des vedettes de téléréalité, des ex-Miss Italie ou des starlettes de soaps. Pour vous situer les séries télé dans lesquelles jouent ces demoiselles, disons que c'est un peu comme « Sous le soleil », mais en version « Oui-Oui et ses amis » pour les dialogues et en version calendrier Pirelli pour l'image. Pour justifier la présence de ces fifilles bombesques sur les listes du Parti de la Liberté, Silvio a dit vouloir changer le Parlement européen, où les eurodéputés ne sont « pas très présentables, s'habillent mal et ne sentent pas toujours très bon ». Tout ça a donc fini par énerver Veronica. Mais la First Lady italienne ne manque-t-elle pas un peu de largeur de vue ? Quand on épouse un grand chef d'Etat, ne doit-on pas tenter de détecter le sous-jacent qui se cache derrière les paroles et les actes de son mari ? Or que recèle l'attitude de son dragueur pathétique ? De la pensée, de la responsabilité politique !

Quand mon Silvio, à 72 ans, frouchelle avec une mineure, quel est le message ? « Tu es vieux mais tu es riche comme moi ? Paie-toi donc des implants capillaires et un bon lifting ! Tu verras, toi aussi tu pourras plaire aux jeunettes. La vie continue, vieille branche ! » Quel message vivifiant pour les aînés ! De même, quand il place une télébimbo sur la liste européenne, que dit-il aux jeunes Italiennes ? « Tu es pauvre et trop feignasse pour les études ? Ne te décourage pas ! Si tu fais du 95-60-90 et si toi aussi ton vêtement préféré c'est le string, tu pourras sortir de ta condition ! » Quel message d'espoir ! Et ne vous détrompez pas : Berlu s'occupe aussi des moches. Lors d'un débat télé, il a suggéré à une jeune femme « d'épouser un millionnaire » pour sortir de la précarité. C'est pour ça que les Italiens votent Berlusconi : ce type donne des outils, des instruments d'ascension sociale. C'est dommage que Veronica ne comprenne pas ça. Dites, j'ai subitement une frayeur : est-ce que nos têtes de liste aux élections européennes sont présentables ? Je veux dire : est-ce que Louis Michel est assez beau, est-ce qu'Isabelle Durant est bien habillée, est-ce que Jean-Claude Marcourt met toujours bien du parfum et est-ce qu'Anne Delvaux ne devrait pas redevenir blonde ?

OCTOBRE 2009

LE PETIT PRINCE

La France rabaisse toujours ses jeunes qui n'en veulent. Pourquoi Jean Sarkozy ne pourrait-il pas diriger l'EPAD ? Parce que ce centre d'affaires est le plus grand d'Europe, avec ses dizaines de milliers d'emplois, ses millions de mètres carrés de bureaux et ses milliards d'investissements ? « Aux âmes bien nées la valeur n'attend point le nombre des années ». Ce n'est pas de moi, c'est de Corneille (non, Jean, pas le chanteur !). C'est vrai que Le Cid date de 1636. Et que Corneille, à cette époque, faisait encore de grosses papouilles littéraires à la haute noblesse et à Louis XIII, qui fut sacré roi à l'âge de 9 ans. Mais depuis lors, les privilèges ont été abolis. La semaine dernière encore, l'actuel roi de France, Nicolas Ier, rappelait d'ailleurs qu'aujourd'hui, « ce qui compte pour réussir, ce n'est plus d'être bien né, c'est d'avoir travaillé dur et d'avoir fait la preuve par ses études de sa valeur ». Et s'il y en a un qui a fait ses preuves, c'est bien le prince Jean !

D'abord, il a obtenu son diplôme du lycée, ce qui est déjà fort bien. Après, il a suivi des cours de comédie. En 2007, il a ensuite effectué un stage en immersion dans le monde judiciaire : après avoir volé un scooter, il provoqua un accrochage sur la voie publique, suivi d'un délit de fuite. Un larcin pour lequel il sera acquitté, et ce alors que papa n'était même pas encore roi de France, mais seulement ministre de l'Intérieur. Bardé de ces expériences, quoi de plus normal qu'à 21 ans, le prince Jeannot soit élu conseiller général à Neuilly (la ville de Sa Majesté papa) et qu'à 22 ans il soit désigné chef de groupe UMP au conseil général des Hauts-de-Seine? Quoi, il n'a aucune expérience de gestion? Balivernes! Preuve que l'infant sait compter: en 2008, il épousait Jessica, qui n'est pas caissière à Intermarché mais héritière des magasins Darty. Non content de ce beau bagage, la fusée Sarko Junior vient d'entamer sa deuxième année de droit. A 23 ans. En première année, il a d'ailleurs très bien réussi avec 62,5 % de moyenne, à un fifrelin (17,5 %) de la grande distinction. Si c'est pas la preuve de sa grande valeur, ça?

Ce qui est bien, c'est que Nicolas Ier a encore d'autres héritiers tout aussi méritants. L'aîné, Pierre, est producteur de rap. Le rebelle (mais pas trop) de la famille. Et ça tombe bien puisque papounet adore les ministres de la Culture un peu gauche caviar. Or le neveu Mitterrand a quelques soucis thaïlandais, ces temps-ci. Et, pour la succession, Sarko Ier trouvait que Laeticia Hallyday, Jean-Marie Bigard ou Doc Gynéco étaient un peu haut de gamme. Pourquoi pas Pierre Sarkozy à la Culture? Lui, il peut déjà être ministre puisqu'il est beaucoup plus âgé que Jean (24 ans) et donc encore mieux formé. Avec Cécilia, le roi Nicolas a eu un troisième garçon: Louis. Celui-là est super-doué pour faire des avions en papier. A 12 ans, il serait peut-être temps pour lui d'intégrer le comité de direction d'Airbus Industries. Et n'oublions pas Aurélien, le gamin à Carla: 8 ans, il a déjà construit tout seul une maison en Duplo. Mais là, beau-papa a été clair: « Non, Aurel, tant que tu ne me feras pas une tour Eiffel en Lego, tu ne seras pas ministre du Logement! » C'est ça, l'excellence.

NOVEMBRE 2010

Bunga-bunga

Lundi, Silvio a dû annuler sa participation à une conférence sur les valeurs familiales traditionnelles. C'est que, fin de semaine dernière, on apprenait que Berlu à quéquette fouineuse avait organisé une énième « Bunga-bunga », comme il dit, avec une dizaine de jeunes demoiselles dûment rémunérées. Que voulez-vous, « j'aime les femmes, j'aime la vie ! » Et d'ailleurs, hein, « mieux vaut s'enflammer pour une jolie femme qu'être gay ». Partouze et homophobie : jusque-là, rien d'inhabituel pour le leader conservateur. Evidemment, parmi ses invitées figurait une jeunette de 17 ans, Ruby de son petit nom. Là encore, rien de neuf : en son temps, « Papounet » avait déjà tâté de la mineure avec Noemi. Le souci, c'est qu'après la bunga-bunga-party, Ruby a fait des bêtises : elle a volé dans des magasins. Et Silvio chéri a enjoint la police milanaise de relâcher la fifille. Commentaire du bienfaiteur : « Je suis un homme de coeur et j'aide ceux qui en ont besoin ».

Est-ce que quelqu'un, en Italie, pourrait expliquer deux ou trois petites choses à ce brave vieux monsieur ? Non ? Personne? Bon, je le fais. Alors voilà, Silvio. Un : peut-être que ta maman qui t'aimait très fort te disait que tu étais le plus beau. Mais c'était ta maman ! Maintenant que tu es un grand garçon de 74 ans, tu dois savoir que dans la vraie vie, quand tu fais monter une péripatéticienne à ta maison, ça ne veut pas dire que tu plais encore aux femmes. Si la demoiselle te dit « waouw, c'est énorme la batte de base-ball que t'as dans le froc ! », c'est pour du faux.

Elle le voit bien, qu'il te reste un vieux tortellini paresseux ! Mais c'est son métier : tu la paies, elle te fait plaisir. D'ailleurs, quand tu fais bunga-bunga et que la dame hurle au panard géant, c'est aussi pour du faux. Après, elle raconte à ses copines qu'un vieux type pathétique tout refait se prend pour George Clooney. Puis elle redit la même chose à la presse et comme ça elle pourra peut-être faire « Secret Story ». Deux, mon Silvio, c'est très bien d'être « un homme de cœur » qui aide les nécessiteux. Mais là, tu vois, Ruby a fait quelque chose de mal. Même pour celles qui font turlutte à un Premier ministre, ça s'appelle un délit. Je sais que t'as jamais rien compris à la séparation des pouvoirs, mais un président du Conseil ne peut pas dire à la police : « Pas touche, les gars, c'est une copine. » En démocratie, ça s'appelle un « abus de pouvoir ». Tant que j'y pense : la démocratie, tu vois vaguement ce que c'est, ou alors je t'explique aussi ?

BONUS 4

Léonard & guest stars

AVRIL 2007

100 % NON POREUSE

C'est vrai : dire que les gays sont anormaux, il aurait pas dû. Mais Monseigneur Léonard a encore un côté binamé à côté de l'archevêque de Gênes. Trois jours avant la parution des doctes paroles de notre évêque, Mgr Angelo Bagnasco déclarait que le projet de loi italien visant à reconnaître les couples gay ou non mariés équivalait à « autoriser l'inceste et la pédophilie ». Ça, c'est du sportif ! Je ne sais pas vous, mais moi, je le vois bien gagner la finale, ce Bagnasco. Quoi, vous ne saviez pas ? Mais si ! Depuis son arrivée à la tête du Groupe Vatican, le nouveau patron, Monsieur Seize, trouvait ses cadres un peu assoupis. Et donc, pour leur donner de la gnaque, il a organisé une grande Star Ac' 2007 de l'évêque le plus rétro. Pour gagner, tout est permis. Même si tu fais des déclarations de champion olympique de la crétinerie, tu vas quand même au paradis. Donc c'est cool.

Mais c'est très exigeant ! D'ailleurs, au château, le directeur Benoît Seize avait passé un savon à Léonard : « Dis donc, Léo, tu fous quoi en Belgique ?! T'as deux pelés à la messe, t'as plein d'homos qui se marient, des euthanasies et des avortements à la louche, et je te parle même pas de la contraception. Si tu veux pas être éliminé au prime, faudra voir à te secouer un peu, hein ! » Léo devait donc trouver un truc fort. D'abord, il a pensé faire un duo avec Lorie dans une version rap de « Jésus reviens ! » Et puis non, finalement, il a opté pour l'homophobie. Ca marche toujours. Mais c'était encore un peu commun. Et où il l'a jouée finaude, Léo, c'est qu'il a agrémenté ça d'une bonne vieille rumeur qui fait très peur, question sida : les préservatifs sont « poreux ». Ce qui est scientifiquement idiot. Mais ça, à la Star Ac' des évêques, ils s'en calent. Une rumeur, Benoît Seize a trouvé ça trop génial !

D'ailleurs, pour les semaines à venir, je trouve que Léo devrait préparer quelques autres rumeurs, au cas où. Genre que la pilule peut donner la grippe aviaire et parfois même provoquer un cancer des cheveux. Ça va bien marcher, ça, le cancer. Et puis, il ne faut pas toujours tout voir négativement. A-t-on pensé aux effets positifs de la « capote poreuse »? Mes bien chers frères et mes bien chères sœurs, je vous le dis : grâce à Monseigneur Léo, un secteur économique entier va renaître chez nous. Parce que je regrette, mais est-on bien sûr que certaines capotes mondialisées ne sont pas un tout petit peu poreuses quand même? Qui dit qu'au Bengladesh, on ne fabrique pas les préservatifs avec du silicone périmé qu'on mélange avec de vieux tubes de colle Pritt et des Sugus prémâchés ? Pour plus de sûreté, il serait prudent de fabriquer nos condoms uniquement chez nous ! Avec un label wallon de qualité. Par exemple : « La capote de Wépion ». La seule, la vraie « 100 % garantie non poreuse ». Testée et approuvée par Monseigneur Léonard. Là, moi, j'aurais confiance.

FÉVRIER 2009

GROS TRANSFERT

Vous trouvez aussi que Monsieur Seize a un peu de mal à s'imposer ? Il faut dire que ce n'est pas facile tous les jours de succéder à cette superstar de JP2. Si j'osais – allez, j'ose – je dirais que Benoît a un côté vainqueur de l'Eurovision : on en a parlé le soir du concours, et puis on oublie. Mais rassurez-vous, Ben est un sacré battant ! Bien décidé à se faire remarquer, il a piqué une super-idée à Anderlek : faire un tout gros transfert. Mieux : pour marquer les esprits et bien montrer qui c'est qui est le patron, le coach du FC Vatican va même faire revenir au club des gaillards limogés par son prédécesseur, en réintégrant dans l'Eglise catholique la « Fraternité sacerdotale de Saint-Pie X » ! Dit comme ça, vous vous en calez aussi viscéralement que du transfert de Gérard Deprez au MR. Je comprends. Mais si je précise que la Fraternité Machin-Pie est la bande à Monseigneur Lefèbvre, excommuniée en 1988 par Jean-Paul II, là vous dites : bravo Benoît ! C'est une bien belle idée, ça, que de la jouer rassembleur de brebis égarées.

Pour certains, je conçois que le nom de Mgr Marcel Lefèbvre reste aussi célèbre que celui de ma tante Ginette. Petit rappel de l'homme et de son œuvre, donc. Marcel – qui est mort en 1991 – était un évêque traditionaliste intégriste. Ses curés de la « Fraternité Machin-Pie » – toujours vivants, eux – portent la soutane et disent la messe en latin, le dos tourné à l'assemblée. Et alors ?!, direz-vous : s'ils aiment bien se déguiser en Don Camillo et ne causer qu'à ceux qui ont fait latin-grec, où est le mal ? Nulle part. Sauf que le souci n'est pas que folklorique. Pour situer leur tolérance et leur progressisme, disons que ces braves gens placent Monseigneur Léonard quelque part entre Guy Gilbert et Vincent McDoom. Et puis, d'après eux, le général Franco en Espagne, Salazar au Portugal, le maréchal Pétain en France ou Pinochet au Chili étaient « de vrais chrétiens, qui ont dirigé leur pays selon les commandements de Dieu ». Et les ex-collaborateurs pronazis n'étaient que de pauvres binamés injustement persécutés depuis 1945. D'ailleurs, pour nous en persuader, les gentils descendants de l'évêque rétro célèbrent encore des messes à la mémoire l'ex-S.S. belge Léon Degrelle ou de l'ancien chef nazi français, Paul Touvier.

Inutile de préciser que le parfait intégriste catholique façon Mgr Lefèbvre est antisémite, il conchie les autres chrétiens ainsi que les musulmans ou autres hérétiques bouddhistes, et s'oppose farouchement à la séparation de l'Eglise et de l'Etat. Mais à quoi bon ressasser toutes ces petites taquineries ?, se dit Monsieur Seize. Cessons d'exclure, nom di dju ! Coupons le cordon sanitaire autour de l'extrême droite catholique ! Et faisons fi des menus dérapages commis ci et là par l'un ou l'autre ? Par exemple, faut-il tenir rigueur à cet « évêque » du mouvement intégriste, l'Anglais Richard Williamson, qui affirmait pas plus tard qu'il y a quelques jours à la télé suédoise que « pas un seul Juif n'a péri dans une chambre à gaz pour la bonne raison qu'il n'y avait pas de chambres gaz »? Non ! Arrêtons de mélanger la politique et les commandements de Dieu. Ca n'a rien à voir ! Pas vrai, Benoît ?

FÉVRIER 2010

ROI DU SILENCE

Cher monseigneur Léonard, je vous écris une nouvelle fois pour vous féliciter. Et aussi pour vous remercier de toutes ces précisions que vous nous donnez, à nous les bons chrétiens. Rapport aux homos, d'abord. Depuis une dizaine de jours, vous racontez que c'est même pas vrai, ce qu'on vous a « fait dire » dans une interview à Télé Moustique. Or, figurez-vous que ces petits salopards de journalistes ont une sale manie : ils gardent les enregistrements de leurs interviews. Et donc, comme j'ai un peu mes entrées au Moustique, je l'ai réécoutée, votre fameuse interview de 2007. Et vous savez quoi ? Vous l'avez vraiment dit, que l'homosexualité est une « anormalité ».

C'est dingue, non, comme on peut dire des âneries, parfois ? Et puis on oublie. Mais je comprends : moi aussi, il m'arrive d'avoir des trous dans le caisson à neurones. Par exemple, hier matin, je dis à mes Louloutes : ce soir, papa vous fait des scampis au safran. Et vous savez quoi, monseigneur ? J'ai fait une choucroute ! Comme quoi, hein, on dit parfois des bêtises. Mais le passé est le passé. L'important, c'est le présent. Et votre volonté d'affiner votre position. Dimanche à RTL, pour qu'on comprenne mieux, vous avez établi un parallèle entre l'homosexualité et l'anorexie. Mais ! Vous avez fort bien fait de préciser que « jamais je ne vais dire que les anorexiques sont des anormaux ». Bien sûr que non, puisque l'anorexie est une maladie. Donc, si je vous suis bien, l'homosexualité n'est plus une « anormalité » mais une « maladie ». Et donc, la bonne nouvelle, c'est que les homos ne sont pas anormaux, mais juste malades. C'est mieux. Un bien beau dimanche, dites-moi !

Surtout que, en ce même jour du Seigneur, à la RTBF, vous nous avez aussi donné une explication question Durex : « poreuse » en 2007, la capote n'est toujours pas « fiable pour lutter contre le sida » en 2010. L'utilisation du préservatif, avez-vous expliqué, c'est comme le motard qui trace comme un fou furieux en se foutant du code de la route, qui roule éventuellement à contresens sur l'autoroute, mais qui se croit protégé parce qu'il porte un casque. Si je vous suis bien, vous comparez donc l'acte d'amour à un suicide. C'est à ce moment que Louloute n°1 est intervenue : « Dis, ce Léonard, il est taré ou alors il est juste imbécile? » Aucun des deux, ma chérie. C'est juste qu'il doit répondre à des questions sur des sujets auxquels il n'entend rien. Un peu comme si tu me demandais mon avis sur la polymérisation viscoélastique des matériaux composites. « Ben alors, qu'il se taise ! »

Et l'idée n'est peut-être pas idiote, quand on y pense. Au fond, la meilleure manière d'éviter de dire des sottises, c'est encore de se taire. Mais vous, cher monseigneur, je commence un peu à vous connaître : la parlote, c'est plus fort que vous. Il vous faudrait un traitement de choc. Eh bien, figurez-vous que ça tombe vraiment bien ! Chez vos amis, il existe un ordre monacal très pratique, pour ça : les moines chartreux, qui ont fait vœu de silence absolu. Ils s'enferment dans une abbaye et ils jouent à roi du silence, mais à vie. En plus, je suis certain qu'ils seraient très honorés d'accueillir parmi eux un super-pote de Benoît 16. Je sens bien que ça vous tente.

AVRIL 2010

BRIGADE DES MŒURS

Des fois, on regrette de ne pas avoir fait latin-grec. Prenez le mot « éphébophilie ». Rien que le lire, ça me fait mal à la tête. Mais on s'habitue. C'est comme « consolidation stratégique », « Bifidus actif » ou « pédophilie » : avant, on ne savait pas ce que c'était. Maintenant, on sait. Et donc justement, toujours soucieux de nous instruire, le Vatican nous signale que l'« éphébophilie », ce n'est pas du tout la même chose que la « pédophilie ». La pédophilie, c'est touche-pipi avec des enfants pré-pubères. Tandis que quand on chipote des garçons pubères, hop !, ça devient de l'éphébophilie. La précision était importante. On la doit à Monseigneur Scicluna, qui est porte-parole de la Congrégation pour la Doctrine de la foi. Dans l'Eglise, la Congrégation Machin Chose est la gardienne des mœurs conformes à la foi catholique. Une sorte de catho-brigade des mœurs, en somme. Face à la déferlante de plaintes pour abus sexuels commis par des prêtres, Mgr Chikungunya a donc remis les pendules à l'heure : sur les 3 000 cas (connus) d'abus sexuels commis par des prêtres rien qu'aux Etats-Unis, « seulement 10 % relevaient d'actes de pédophilie véritable », 60 % concernaient des cas d'éphébophilie, les 30 % restants étant des abus hétérosexuels. C'est rassurant, non ? Donc je récapitule pour les jeunes... Tu es un grand garçon qui vient déjà d'avoir son anniversaire de 13 ans et monsieur le curé te fait des choses avec son gros machin ? Quelle chance ! Tu échappes à la pédophilie « véritable » ! Et toi, fifille? Tu as 12 ans, le père José aime bien jouer dans ta zézette mais tu as déjà eu tes premières ragnagnas ? Alléluia, il ne s'agit que d'abus hétérosexuels! Sérieux, il faut arrêter de tout mélanger.

En tout cas, le pape n'est pas du genre à tolérer des curés tripoteurs. D'ailleurs, B16 s'intéresse depuis longtemps à ce phénomène! A partir de 1981 et jusqu'en 2005, qui c'est qui était le grand chef de la Congrégation Machin Chose? Le cardinal Joseph Ratzinger soi-même! Et qui c'est qui, en 2001 (le temps de réfléchir une vingtaine d'années), a envoyé une lettre à tous les évêques? Ratzi chéri! Dans ce courrier, il informait que tous les cas d'abus sexuels de prêtres sur mineurs devaient être rapportés à la Congrégation et « soumis au secret pontifical ».

Mais non, Ratzi ne voulait pas que ça reste en famille! Comment osez-vous? Le truc, d'après Chikungunya, c'est que les évêques ont mal interprété les directives: « Elles ne devaient pas être comprises comme une interdiction de signalement aux autorités civiles. » Ils sont cons, ces évêques! Y z'avaient même pas compris que le secret pontifical, on disait que c'était un secret mais que ce n'était pas vraiment un secret! Enfin bon, heureusement que Benito a décidé de prendre des mesures radicales. Monseigneur Chikungunya souligne que le très Saint-Père vient de prendre la « douloureuse responsabilité » de révoquer les prêtres impliqués « dans les cas particulièrement graves ». Pour les cas pas « particulièrement graves », genre éphébophilie ou petits abus hétéros de rien du tout, ça demande encore réflexion. Réponse du Vatican dans une vingtaine d'années. Et dans sept siècles, c'est promis: le pape Kevin 19 autorise le mariage des prêtres.

BONUS 5

Philou, Lolo et autres Royeusetés

FÉVRIER 2008

MERCI TANTE FABI !

J'ai une grave question qui me taraude : quand elles boivent le thé avec un baba au rhum chez Wittamer, qui offre la tournée ? Astrid, Mathilde ou Claire ? La plus mal prise, c'est Mathilde. Grâce à son Philou d'amour qui est le premier de classe de la famille, elle touchera cette année 940 000 € de dotation. Trois fois plus que ses belles-sœurs ! Et ça, c'est gênant quand elles sont en ribote. Si Math régale, les deux autres allocataires sociales en profitent pour faire des commentaires quand elle se repoudre au petit coin. Astrid : « T'as vu, Clairette ? Miss Belgique a encore tout payé ! Elle veut nous humilier, ou quoi !? » Et si Mathilde paie gentiment sa part, ça ne va pas non plus. Claire : « T'as vu comme elle est rat, Madame Win For Life ? » Un casse-tête, pour Mathilde.

Cela dit, à « Place Royale », on a bien senti qu'Astrid avait fort dur, niveau pouvoir d'achat. La princesse était en visite au Salon de l'Auto, dont le thème était l'environnement. Et les reporters de « Place Royale » lui on posé une question rosse : « Est-ce que Votre Seigneuresse Altesse Sérénissime va bientôt acheter une voiture hybride qui pollue moins, pour nous montrer l'exemple, à nous les binamés citoyens ? » Très dépitée, la princesse Astrid a répondu : « Mazette, mais vous n'y pensez pas ! Elles sont encore fort chères, savez-vous bien, les hybrides. » C'est ça le problème avec l'écologie : ça n'est pas fait pour les gagne-petit. Cette année, Astrid touchera 326 000 € de dotation et 10 716 € d'allocations familiales. C'est dire si le budget sera serré. Laurent et Claire, c'est encore moins : 318 000 malheureux petits euros. On chuchote même que Claire va retravailler. Vous imaginez la honte !

Heureusement, les plus indigents de la famille royale peuvent toujours compter sur Tante Fabi. Cette année, Fabiola touchera 1 472 000 € de dotation. Depuis le décès de Baudouin, elle a amassé 19 millions d'euros. Pour quoi faire ? Pas pour se loger : Tante Fabi squatte le Château de Stuyvenberg. Evidemment, il y a ses gros frais de pièce montée capillaire avec double supplément chantilly et son énorme budget chapeaux de carnaval. Mais après ça, comme elle sort très peu en boîte, Fabiola a encore tout plein de nos sous. Alors, par charité chrétienne envers ses neveux et nièces les plus nécessiteux, elle fait son petit possible pour aider. Pas Philippe et Mathilde : ça heurterait son sens aigu de la justice sociale. Mais si Laurent a un besoin urgent d'acheter une Ferrari, il emmène Tante Fabi et sa carte Mister Cash. Quand Astrid veut aller se ressourcer après avoir pris la difficile décision de ne plus être présidente de la Croix-Rouge de Belgique, c'est Tante Fabi qui réserve le séjour dans un cinq étoiles aux Seychelles. Comme ça, Astrid ne doit pas puiser dans les plantureux revenus bancaires de son mari chéri. Qu'est-ce qu'on dit ? Merci Tante Fabi !

MAI 2008

UN BIEN BEAU JARDIN

Les enfants sont parfois énervants. Figurez-vous qu'en bon citoyen déférent à l'égard de sa Monarchie, j'ai emmené mes Louloutes visiter les serres royales du palais de Laeken. Je m'attendais à du respect, à une certaine solennité de leur part. Au lieu de ça, j'ai subi un interrogatoire en règle dès le guichet d'entrée ! – *Dis papa, quand tu reçois des gens à la maison, tu les fais payer 2,5 euros d'entrée, toi ?* Euh, non. – *Et Philippe, lui, il fait ça ?* Euh, oui. Dans les serres, mes Louloutes perçoivent le gigantisme et la richesse des lieux. – *Dis, papa, il faut tout plein de jardiniers pour faire ça !* Euh, oui. – *Ça doit lui coûter tout son argent de poche, à Philippe.* Euh, non. Après un cours élémentaire de fiscalité, mes Louloutes comprennent que c'est nous, citoyens-contribuables, qui payons l'entretien des serres royales. – *Oui mais alors, papa, tu payes deux fois : tes impôts et les 2,5 euros !* Euh, oui. – *Dis papa, on pourra revenir avec les cousins, pendant les grandes vacances, pour leur montrer ?* Euh, non. Ils n'ouvrent les serres au public que trois semaines par an. – *Ah bon ! Donc à eux tout seuls, ils ont le droit de venir se promener et voir les fleurs 48 semaines par an. Et nous, tous les autres Belges, on n'a droit qu'à trois semaines ?* Euh, oui. – *Dis, papa, y sont pas très partageurs, hein, Philippe et Mathilde ?* Euh, non.

Chemin faisant, nous longeons le gigantesque parc du palais : vingt-six hectares de bois, d'étangs et de pelouses tondues à la pince à épiler. – *Dis, papa, on pourra venir jouer ou faire un pique-nique, quand y fera beau ?* Euh, non. – *Allez, p'pa, j'te promets qu'on n'ira pas sonner chez Philippe et Mathilde pour les embêter!* Euh, c'est pas ça, Louloute: ce parc n'est pas un parc public. – *Non là, papa, tu me fais une blague: y z'ont pas besoin de tout ça! C'est tellement grand! Le parc, ils peuvent le partager, quand même! Surtout que de l'autre côté des grands murs avec des barbelés dessus, y'a des milliers d'enfants de Schaerbeek ou de Laeken qui n'ont même pas de jardin pour jouer! J'ai plein de copains, à l'école, eh ben y doivent jouer à Standard-Anderlecht sur le trottoir, entre les voitures. Et eux ils ont tout le parc pour leurs quatre enfants? C'est pas possible!* Euh, si.

– *N'empêche que Philippe, il doit avoir une grosse tondeuse pour tondre toutes ces pelouses. Et alors, il doit être courageux! Ah non, je sais: y'a tout plein de jardiniers qui le font à sa place. Et ça aussi, c'est toi et les autres grands qui les payez avec vos impôts.* Euh, oui. – *Et vous ne pouvez même pas venir?* Euh, non. – *Je m'excuse, mon papounet, mais vous les parents, vous n'êtes pas très malins! En même temps, c'est bien fait pour eux: ils doivent être tristes, Philippe et Mathilde, d'être toujours seuls dans ce grand parc juste pour eux. Bon, par exemple, dimanche, toi t'as regardé le match avec tout plein de copains. Après, vous avez tous crié tout plein de fois « Standard Champion! » dans le jardin. Et lui, Philippe, il est allé tout seul crier « Standard Champion! » dans son grand parc, comme un con…* Dis donc, vilaine! Est-ce que tu veux bien être respectueuse de ton futur roi? On se demande bien qui t'a éduqué…

AVRIL 2009

MONSIEUR SÉCURITÉ

Après Astrid la semaine dernière, vous avez été nombreux à me réclamer des nouvelles de nos autres dotés chéris. Eh bien écoutez, côté Philou, c'est comme d'hab : il a fait ouvre-portes pour nos hommes d'affaires en mission au Mexique. D'après Anne Quevrin, il s'est montré « très intéressé » et il a « accepté » de serrer tout plein de paluches avec « énormément de simplicité ». Du grand Philippe, en somme. Comme d'hab, Mathilde a fait assistante de Philou. Mais aussi mannequin de Natan, qui est un peu son deuxième métier. A chaque réception, elle portait une robe – pardon, une création ! – de la nouvelle collection Natan, qui gardera le titre envié de styliste qui vieillit le mieux les princesses. Personnellement, j'ai beaucoup aimé la robe-sac jaune d'inspiration fabiolesque mâtinée d'une touche de tablier en dralon de ma tante Josette. Sinon, question boulot, Philou et Math préparent déjà activement le Te Deum et le défilé du 21 Juillet.

Mais je sens bien que ce qui vous intéresse surtout, c'est de savoir à quoi Laurent a bien pu passer chacune de ses journées à 1 000 € (de dotation). A rien. Il a le droit puisque, officiellement, il boude. La dernière fois qu'on a aperçu le prince, voici une bonne demi-année, il plantait un arbre en Libye pour repousser le désert avec ses petits bras musclés. Mais là, ça y est, il vient de déroger à son silence monastique. Lolo a donné une brillante interview à des jeunes étudiants en journalisme. On y apprend notamment son côté fort raisonnable : « Je n'ai jamais fumé un joint ou bu un verre d'alcool. » A chaque fois qu'on l'a vu avec une coupette à la main, c'était donc du Kidibul. Mais le plus intéressant, c'est la découverte du philosophe qu'est devenu mon Lolo. Une sorte d'ascète nudiste complètement détaché des valeurs matérielles : « On ne peut être soi-même que sans voiture, sans argent et autres facteurs externes. Il n'y a que nu que tu es vraiment toi-même. » Bon, dans la pratique, Laurent accepte toujours notre argent de poche et, question « facteurs externes », il aime toujours les bolides.

Sur ce terrain, nos journalistes en herbe ont fait une jolie découverte : Lolo est en passe de révolutionner la sécurité routière. « Le temps que l'on passe sur la route est du temps perdu, explique-t-il. C'est pourquoi j'aime les voitures rapides. En plus, si l'on reste moins sur la route, le risque d'accident est moindre ! » Imparable. C'est vrai que, quand on y pense, si on brûle un feu rouge à 200 à l'heure, on a moins de chances d'emboutir le connard qui passe au vert que si on brûle stupidement le feu à 50 à l'heure. Dans l'interview, on découvre aussi les plaisirs simples de Laurent. La musique. Le cinéma. Son actrice préférée, c'est Marion Cotillard : « Elle n'est pas très belle, mais quel rayonnement ! » Ce qui est bien, avec Monsieur Sécurité, c'est qu'il pourrait aussi nous écrire l'Assimil du « Comment être délicat en 10 leçons ».

NOVEMBRE 2009

TROP DOMMAGE

L'IRGT de mon prince Laurent a donc été dissoute. C'est bien la Belgique, ça : on a une ASBL ultra-performante, qui joue un rôle moteur dans la lutte contre le réchauffement climatique, et on casse l'outil ! Il est vrai qu'au début, l'IRGT a surtout servi à financer les dringuelles du gamin. A l'époque, le pauvre n'avait pas droit à sa dotation annuelle de 320 000 euros pour acheter ses Big Mac et ses 4x4. Le gouvernement créa donc l'« Institut Royal pour la Gestion des ressources naturelles et la promotion des Technologies propres », subsidié par les Régions et présidé par mon Lolo, dont l'expertise mondialement reconnue était rémunérée à hauteur d'un million d'anciens francs (par mois, oui). Le prince s'investit sans compter. Par exemple, sous son impulsion, tout le personnel de l'IRGT ira en journée pique-nique au Parc Paradisio. Laurent organisera aussi une grande balade nature au Monde Sauvage d'Aywaille.

Grâce au financement de l'IRGT, Lolo le Vert fera également installer des pots catalytiques et des filtres à particules sur toutes ses Ferrari. Ce qui, on s'en souvient, déboucha sur un vaste mouvement populaire : « Moi aussi je roule dans une Ferrari propre ! » Grâce a l'IRGT, le prince fera aussi un stage de trois mois intitulé : « J'apprends à bien trier mes poubelles jaunes, mes poubelles bleues et mes poubelles blanches. » Laurent obtiendra aussi un autre difficile brevet : « Je fais moi-même mon compost au fond de mon jardin. » Ce qui, naturellement, l'incita à créer un potager bio à la Villa Clémentine. Un exemple suivi par l'ensemble du monde agricole belge, qui se lança dans une large opération de reconversion de notre agriculture vers les produits bio. Heureusement, dites, que les agriculteurs n'ont pas continué à produire des céréales et du lait à perte ! Mais ce qui a surtout marqué la présidence de Lolo à l'IRGT, c'est ce planter d'un arbre en Libye, pour bien montrer comment qu'on fait pour faire reculer le désert. Grâce à lui, aujourd'hui, le Sahara est devenu une luxuriante forêt tropicale.

C'est con, cette suppression de l'IRGT. Parce que Laurent en avait encore tout plein, des projets écologiques. Des projets qu'il a accepté de nous dévoiler en exclusivité : « Par exemple, que je me suis dit, l'IRGT aurait pu m'installer une éolienne et une piscine chauffée au photovoltaïque à ma maison de campagne en Sicile. Mais maintenant qu'ils ont coupé la pompe à subsides, qui c'est qui va payer ? La Marine, peut-être !? » Du gâchis. Et ce d'autant plus que le petit prince avait un autre fort beau projet : une grande campagne publicitaire pour la consommation des légumes de saison. Une campagne chantée, en fait, dont les paroles ont été écrites par Mon Altesse Lolo. « Je vous les chante en exclusivité mondiale ? » Mais très certainement, Altesse ! Et un, et deux, et trois, et quatre… « Il est beau mon poireau, elle est chouette ma courgette ! Il est bon mon chicon, elle est grave ma betterave. Il est p'tit mon radis, mais tant pis ! » Mais c'est excellent, ça, Altesse ! « En plus, question droits d'auteur, ç'aurait été tout simple : l'IRGT me les payait, disons un million, et moi j'offrais ma chanson à la population. Gratuitement ! » Trop dommage, vraiment.

OCTOBRE 2010

PCHIIITTT...

La semaine dernière, pour sûr que vous avez bien suivi le nouvel épisode annuel de « Mathilde va chez les Pauvres en Afrique ». Non ?! Ce n'est pas bien. Je me vois donc dans l'obligation de vous refaire le commentaire de RTL sur Mathilde en mission de représentante de l'Unicef et d'ONU-Sida au Libéria : « La princesse Mathilde a visité l'hôpital Trucbroll de Monrovia, où elle a réconforté des mamans atteintes du sida en toute simplicité. Des malades très reconnaissantes pour l'action que la princesse mène sans relâche contre le terrible fléau. » Et tout le monde applaudit bien fort ! Après, normalement, on a une « interview exclusive » (une micro-déclaration devant tous les médias) de la princesse : « Je trouve que je trouve que le Sida, eh ben, c'est une maladie très grave. Et je trouve que je trouve que le soutien aux victimes, eh ben, c'est très important, que je trouve. » Sur ce, normalement, Sainte Mathilde monte dans une limousine avec ses pompes Chanel et sa Rolex pour reprendre l'avion. Parce que c'est pas tout ça, mais Philou est seul à Laeken avec les gamins et la nounou.

Mais là, au Libéria, on sentait bien que Mathilde était toute révoltée ! Hypra-conscientisée, vous voyez. Un peu comme quand on s'aventure dangereusement hors du Club Med de Punta Cana, entre l'aquagym et le buffet crustacés, et qu'on croise des petits nenfants qui mendient. Et donc c'est promis : dès que je rentre, j'adopte un pauvre petit Dominicain. Cette fois, la micro-déclaration de la princesse était marquée d'un volontarisme impressionnant : « Je ne vais pas rentrer chez moi pour me taire sur ce que j'ai vu ici ! » Woufti, Mathilde la Rebelle va secouer le cocotier de l'indifférence ! Peut-être même qu'elle va organiser un concert de musique de chambre anti-Sida, sous le très haut patronage de Tante Fabi. Ah ça, elle était remontée, la Mathilde ! Pour peu, on la voyait débarquer au palais épiscopal de Malines, empoigner les coucougnettes à Monseigneur de la Capote Poreuse et les broyer consciencieusement : « Tu la sens bien, là, la justice immanente !? » Mais après, c'est con, elle n'aurait jamais dû prononcer la deuxième partie de sa micro-déclaration. Je vous la refais en entier : « Je ne vais pas rentrer chez moi pour me taire sur ce que j'ai vu ici ! Je vais en parler à mon époux, à mes enfants et aux responsables politiques ! »

Là, tu vois, Matouche, c'est tout de suite beaucoup moins percutant. Un : tes enfants, ils ont activité coloriage. Deux : les politiques, je sais pas si on t'a dit, mais ils ont quelques soucis question faire un gouvernement avec Bart. Et alors, il y a un truc à ne surtout pas dire : « Je vais en parler à mon époux. » Parce que ça fait pchiiittt... C'est pas possible qu'il se passe quoi que ce soit. « Je vais en parler à Jean-Denis Lejeune », ça va. Mais pas à Philou d'amour ! Surtout qu'il va bientôt être très occupé. Pendant que t'étais en mission de sauvetage au Libéria, on a appris qu'à c'qu'y paraîtrait que beau-papa a un coup de mou et qu'il veut abdiquer. Au Palais, le porte-parole a affirmé que « la question n'est pas à l'ordre du jour ». Ce qui veut dire : le roi ne pense qu'à ça et ce serait déjà fait si y avait pas cette putain de crise politique. Et tu sais en faveur de qui il devrait abdiquer ? Tu vas rire : de ton époux ! Philippe Ier, roi des Belges ! Ça le fait pas, hein non ?

OCTOBRE 2010

Royal burn out

Si ça continue comme ça, on va me le tuer, mon Albert Félix Humbert Théodore Christian Eugène Marie de Belgique. Normalement, un roi, ça sert juste à faire des photos pour les boîtes de biscuits Delacre. Une fois par an, ça nous fait une visite officielle au Liechtenstein ou ça se rend au mariage d'une princesse scandinave. A Noël, ça nous lit un discours écrit par le Premier ministre. Et de temps à autre, ça organise une surboum à Laeken en l'honneur d'un sympathique dirigeant chinois. Après, normalement, ça va sur son yacht qu'il a acheté avec ses petites économies accumulées au long d'une vie de dur labeur, ça téléphone à Tante Fabi pour voir si Dieu existe toujours et ça vérifie aussi si Laurent fait pas trop de bêtises. Et c'est tout ! Or depuis trois ans et quatre mois (les élections de juin 2007), la Belgique a passé 382 jours sans gouvernement ! Et dans ces cas-là, qui c'est qui trinque? Ma Majesté ! Faites le compte : 382 jours sur 1 216 jours, ça lui fait 31,8 % de temps de travail. On frise la cadence infernale.

D'ailleurs, lors des énièmes consultations de la semaine passée, on a bien senti qu'Albert l'avait mauvaise : « B'jour Jojo. Yo, Jean-Mi ! Tiens, Elio, tu vis toujours ? C'est pas tout ça, mais on fait quoi maintenant ? J'appelle Didjé en renfort caisse ? Surtout pas lui ? Bon, O.K. Je reprends les mêmes ? Et qui c'est qui joue à chef, cette fois ? Bart tout seul ??!! Bon, si vous le dites. Après Elio/Bart préformateurs et les Frères Taloche conciliateurs, je l'appelle comment, Meneer qui schlingue la frite ? Poil-deculteur royal ? Comment tu dis, Elio ? Clarificateur ? Ouais, cool. Et je lui donne que dix jours, au gros ?! Ça, mes Loulous, ça veut dire que plus que dix fois dormir et vous revenez m'emmerder. Mais dites, z'en avez pas marre de vous faire tourner en sauce andalouse ? Depuis 120 et des jours, vous donnez, vous redonnez. Et l'historien de mes deux, il redemande et re-redemande. Vous négociez vraiment comme des manches ! Je devrais pas dire ça, mais je vous explique… Unzio : moi, ça commence à me gaver. Deuxio : j'ai pas que ça à foutre, vu que c'est bientôt les premières neiges et que vous allez pas me gâcher mes sports d'hiver avec des élections anticipées. Troizio : c'est Bart qui veut péter le pays en vrille, oui ou merde ?! Donc vous lui dites : tu veux repartir d'une feuille blanche ? O.K., mi p'tit fi, on va te la remplir, ta blanche feuille ! Tu dis à tes potes N-VA et à tes chiens-chiens CD&V ou VLD que votre fichue indépendance, eh ben vous l'avez ! Seulement voilà, 'y a une ch'tite condition : nous, on prend la Wallonie + Bruxelles + les communes à facilités, et-tu-te-casses ! Après, il fera comment ? Il aura l'air de quoi, avec sa tour de Dixmude et son demi-Gordel ? En plus, faut surtout pas vous gêner pour moi. A 76 ans, j'en ai vraiment plus rien à kiquer. Vous savez ce qui me ferait kiffer, moi ? M'enfiler des Orval à Ciergnon en regardant ces crétins de Secret Story. Ou alors griller des chipolatas à Châteauneuf-de-Grasse pendant que Paola d'amour fait des bulles dans son jacuzzi en écoutant l'intégrale d'Adamo. Or là, avec vos conneries, je vous le dis : je vais finir en burn out ! Et si je casse ma pipe, faudra vous démerder avec Philippe Ier, roi des Belges ! Je vous préviens : expliquer BHV au gamin, c'est comme faire comprendre la règle du hors-jeu à Tante Fabi. Bonne chance, mes chéris ! »

Table des matières